U0015552

書系緣起

早在二千多年前，中國的道家大師莊子已看穿知識的奧祕。莊子在《齊物論》中道出態度的大道理：莫若以明。

莫若以明是對知識的態度，而小小的態度往往成就天淵之別的結果。

「樞始得其環中，以應無窮。是亦一無窮，非亦一無窮也。故曰：莫若以明。」

是誰或是什麼誤導我們中國人的教育傳統成為閉塞一族。答案已不重要，現在，大家只需著眼未來。

共勉之。

下一個全球經濟引擎
非洲
從黑暗大陸到草原矽谷

艾希什·塔卡爾 Ashish J. Thakkar ——著 徐永宜——譯

THE LION
AWAKES

Adventures in Africa's
Economic Miracle

推薦

認識非洲，前進非洲，立足非洲

台灣非洲經貿協會理事長　孫杰夫

在我應邀去南非德班參加第二十四屆非洲台灣商會聯合總會第二次理監事聯席會議時，我於往返的飛機上把《下一個全球經濟引擎》這本好書看完。

身為一個非洲經貿的工作者，我非常敬佩商周能出版這本有關非洲的書。畢竟，處在資訊封閉、媒體需要加強的台灣，我國國人甚至企業對非洲的了解不足、認識扭曲是一個事實，令人遺憾。

非洲有五十四個國家，面積相當於三個半中國。非洲的可耕地面積有六〇%，相對來說台灣僅有一七%。由於人口普查不足，未能精確統計，但非洲人口大約不少於十一億，甚至達到十三億，與中國或印度相近，消費人口眾多。

二〇〇八年金融風暴時，全世界只有二十五個國家經濟保持正成長，其中有二十個在非洲。黃金價格漲了六倍，其他金屬、礦產、石油、糧食穀類也大漲，而這些東西非洲都有，於是已開發國家紛紛前往非洲投資。甚至一些開發中國家如越南，也絡驛不絕地在前去非洲經商與工作的路上。跟本書印度裔的作者一樣，他們勇於在非洲努力，改善自己的人生。

我們「台灣非洲經貿協會」是一群將近兩百家從事非洲經貿的企業主的情義結合。這些平均約六十歲的企業主，最大的感慨之一是後繼無人，小孩不願接班，更別提現在台灣年輕人安逸成性，不願去非洲跑生意，更不願意長期在非洲蹲點。

本書作者跟隨父母，雖然歷經烏干達阿敏總統殘暴驅逐所有八萬名印度人，移居到張開雙手迎接他們的殖民祖國英國，原本可以隨遇而安，在英國做做小生意，留下來過著平凡日子。但他們畢竟還是想要回到非洲，追求更大的出人頭地的機會。

這裡面有個嚴肅的關鍵點，值得本書台灣讀者思考。我們有「落葉歸根」、「少小離家老大歸」，甚至是「衣錦還鄉」的傳統民族性格，但在非洲或世界各地的印度人與我們非常不同。他們比較類似猶太商人散居世界各地，而猶太人雄霸美國、歐洲各國和中南美洲的經濟與財富。

重中之重是，十五歲自願輟學經商的作者及其家族；所有在非洲的印度人，根本就認為自己是非洲人！

我們長期致力於非洲經貿的人有個基本認知：非洲東部的經濟掌握在印度人手上，而非洲西部則操縱在黎巴嫩人股掌之中。何以致之？大家把這本書看完之後，應該可以完全理解。

作者舉家離開英國回到非洲，但運氣真的不好。造化弄人，他們回到中部非洲的盧安達，遭逢圖西族與胡圖族的種族滅絕事件。奧斯卡得獎影片《盧安達飯店》就是在講這個悲劇。

但種種外在環境的變故，似乎沒有阻擋作者或這些在非洲的印度人。作者不到四十歲，在二十年左右的時間內，由一個十五歲的自願中輟生，到杜拜跑單幫買賣電腦，一路成長為世界知名的成功人士。作者要讀者與世人真正認識非洲，真正了解世界的未來在非洲，非洲處處都是機會。

同樣的，我們台灣非洲經貿協會的夥伴們也認為，非洲是台灣經貿投資的最後的一個機會。我們看到政府如火如荼地推行新南向政策，也獲取了一些成就，但我們心中充滿了感慨，總覺得若能把十分之一這樣的努力與資源放到非洲，成就與收獲想必難以估計。

台灣民間對非洲不了解與掉以輕心的情形更為嚴重。當世界把注意力轉到非洲，而非洲也呈現跳躍式的驚人成長時，我們仍然對非洲充滿了錯誤的認知：非洲太遠了、非洲太熱了、衣索匹亞鬧饑荒好可憐、非洲還在戰爭……

事實上，非洲從東邊到最西邊與台灣的時差是五到八小時，而洛杉磯與台灣的時差是九小時，紐約則約十二小時。由時區看距離，非洲其實離台灣不遠。

我們常去非洲推廣經貿，大部份的國家氣候怡人、溫度舒適、晴空美麗。非洲人來台旅行都告訴我們，台灣濕度太高，台北的冬天又一直下雨，他們不習慣。在非洲住久了的台灣人也是這麼說。

非洲的內戰大致已經結束。非洲人常會這樣反駁：「我們總比常常受到恐怖攻擊的巴黎和倫敦安全吧？」

衣索比亞部份地區鬧饑荒已經是二十幾年前的事情了，可是台灣部份的主要慈善募款機構，居然還在使用多年前的饑餓幼兒照片來募款！衣索比亞這個非洲第一大農業國與第二大人口國，如今已經是非洲標準的新興經濟體之一，商機無窮。

而悲慘的盧安達呢？現在圖西族與胡圖族不分你我，攜手努力合作，把這個國家建設成一個民生樂利、施行民主、街道乾淨、欣欣向榮的國家。這個山國所生產的咖啡，很可能是世界最好的咖啡之一。

以前台灣經濟起飛的那個年代，多少台灣人拿著一只皮箱，語文不通卻是走遍天下。其中有許多人或許多家庭離鄉背景到非洲來闖天下。

依我們的觀察，拿六大洲來比較，平均財力最為雄厚的可能是非洲僑胞。很多人回台灣買豪宅，買上市公司。這次花蓮震災，六大洲發動募款賑災，非洲台灣商會的款項是六大洲之最，可為明證。

非洲這麼的充滿機會，剛剛發軔、時尤未晚，作者這樣的鼓勵大家。我們台灣非洲經貿協會也是這樣的期待大家一起來，前進非洲，立足非洲！

推薦——各界好評

非洲大陸國民生產毛額已達兩兆五千億美元，成長迅速。非洲自由貿易區協定議定書甫於二〇一八年三月由非洲聯盟四十三國代表在盧安達首都基加利市簽署，未來經此協定非洲的經貿整合將會加速，步入嶄新的時代。本書作者為馬拉集團（Mara Group）執行長艾希什，渠自烏干達崛起，十餘年間即成功創業使該集團版圖跨越二十五國，聘用員工逾一萬一千人。作者以其自身營商經驗，為讀者開啟了對二十一世紀非洲新面貌及驚人潛力之認識，相信能給予我商許多啟示，對於未來開拓非洲市場及發展商務關係厥有助益。

——葉明水 中華民國對外貿易發展協會秘書長

艾希什的故事富含如何在非洲做生意的洞見、通往成功的指南，以及鼓舞人心、將試煉轉化為正向行動的事證。這本書適合那些不只有夢想、而且夢想夠具象的人。

——安杰・班加（Ajay Banga）萬事達卡執行長

這本書描述了一個成功實業家對非洲的愛，在那裡企業能夠成為一股正向的力量。此外，本書也會大大扭轉你對非洲的印象，而且是往好的方向。

——理查・布蘭森（Richard Branson）維珍集團創辦人

艾希什對非洲的熱情無人能比，他與家族在馬拉集團的成就也令人矚目，而我最愛這本書的地方，在於他成功將這一切化為文字。如果你是投資者或實業家，無論你是否在非洲操作，都該把《下一個全球經濟引擎》當成教科書拜讀，因為你很難找到比我的好友艾希什・塔卡爾更出色的導師了。

——包柏・戴蒙（Bob Diamond）前巴克萊銀行總裁

艾希什・塔卡爾是一名出色的企業家、領導人，如今也證明他的文筆卓越。於《下一個全球經濟引擎》之中，他栩栩如生地描述了非洲的能量、活力與驚人的潛力。透過他創建馬拉集團的經歷，以及他與其他非洲青年才子的互動，艾希什讓讀者瞭解推動非洲轉變的驅力為何，以及如何趁勢而起。全書文風輕快卻引人入勝，從第一頁起就抓住你的注意力。無論從哪個角度來看，《下一個全球經濟引擎》都是一本必讀之書。

——鮑達民（Dominic Barton） 麥肯錫顧問公司全球董事總經理

《下一個全球經濟引擎》揭露了非洲下個世代的領導者如何嶄露頭角。他們的創意、活力與多樣性，在艾希什激勵人心的故事之中展現無遺。

——科菲・安南（Kofi Annan） 前聯合國秘書長

第2篇 雄獅覺醒

第3篇 未來曙光

致謝

我想要對以下這些我生命中的貴人，致上深深的感謝。

我能成為現在的我，要歸功於我的精神導師莫拉利．巴普，他獨一無二，積極正向又賜福眾人。

我的父親杰格迪士與母親薩拉是最棒、最貼心與最支持我的雙親，他們是我生命中的兩塊基石。我也要感謝我的姊姊們亞瑚蒂和羅娜，以及羅娜的丈夫派亞許，還有我親愛的甥侄們席雅、加力、娜烏蜜和蘭姆。我的超級團隊一直好心地忍受我，成員包括凱銳、維多利亞和法蒂瑪，以及馬拉集團及其旗下公司的整個團隊。這裡我要特別感謝包柏．戴蒙和他令人驚奇的妻子珍妮佛。此外，我也要謝謝亞利漢．卡馬利、羅斯丹．亞澤、蘇迪爾．盧帕爾里亞、坦斯迪奇兄弟、凱脩克．塔卡爾、席斯．奈瑟、戴夫．薩瓦奇、安格斯．馬凱、納赫揚親王、杰．愛爾蘭……以及所有曾給予馬拉集團大力支持的夥伴們！

謝謝我在馬拉基金會的出色同僚羅娜與佩璇，以及非洲中心博物館（the Africa Center）的蜜雪兒、哈迪、雀爾喜、布魯斯與賀許。最後，我要大大地感謝唐・亞伯拉罕與道格拉斯・羅傑斯，是你們讓這本書順利成真。

本書獻給我的精神導師莫拉利・巴普
以及我的家人，還有全非洲的青年

前 言

「你跟我過不去嗎？」

我剛下講台，一個姿態優雅、高大顯眼的聽眾在台下等著我。他是聽眾裡第一個在我演講完畢後和我打招呼的人，但他的口氣出乎我意料之外。

「沒有啊。」我邊說邊想著這人是誰，為什麼要跟我搭話。

「你確定你沒有跟我過不去？」這人嚴肅地指責我。

我突然想起來了！我認得這個人，在科技討論、發展會議、經濟論壇、雜誌裡、電視上都看過他。他是盧安達（Rwanda）總統保羅・卡加米（Paul Kagame），盧安達經濟快速成長的幕後推手，十分受人敬重。

我回答說：「當然沒有。您為什麼這樣說？」

他跟我正眼相對，臉上出現了一絲微笑，說：「亞席士，那你說說看，你在電視上總是說著要當第二個去太空的非洲人，還說會帶一面烏干達（Uganda）的國旗。但是你跟盧安達也很有淵源，不是嗎？你應該也要帶盧安達的國旗上太空！」

然後他泛開笑容，在我背上重重拍了一下。

「請你盡快來盧安達看看。」他的助理遞給我一張卡加米的名片。「你一定得來看看我們的變化，我想你一定會大開眼界。還有，你的演講不錯，真的不錯。」

接著他就離開了。我心想，這種事只有在非洲才會發生。

那時是二〇一〇年五月，我在坦尚尼亞達累斯薩拉姆（Dar es Salaam）的世界經濟論壇演講，這是過去五年我在世界各地舉辦的數百場有關非洲議題的演講之一。

我從一九九〇年代中期在烏干達開始從商。當時若是有人告訴我，二十年內從新加坡到舊金山的各個投資會議上，大家都會一致認為非洲是世界最有潛力的經濟體系，我一定會覺得他們瘋了。

可別誤會，我和那些大排長龍的樂觀者是一國的，你讀了這本書就會知道，而且我一直都相信非洲有很大的潛力。但即使是我，也沒想到我們會進步得這麼快。

一九九〇年代是非洲市場波動劇烈的時候，沒有人知道我們是在進步或退步。現在來非洲做生意的人，看到那時候的環境一定會無法置信：無禮又貪腐的官員、通訊品質不佳、沒有自來水電、差勁的航空公司；那時在非洲做生意風險很大。即使到了二〇〇〇年，專家學者都還同意非洲的情況在脫離殖民政府統治後並未明顯改善。二〇〇〇年五月，《經濟學人》（Economist）的封面報導稱非洲為「沒有希望的大洲」。

然而十年後，非洲經歷了史上前所未見的經濟快速成長。目前世界上成長最快的經濟體中，排名前十大的有六個在非洲。非洲過去十年平均國內生產毛額成長率為五．五%，是世界經濟成長最快的大洲，讓那些還在從經濟大衰退（Great Recession）之中恢復的先進國家十分眼紅。*我們的人口是全世界最年輕的，十億多人口中有四分之三的人不到三十五歲。我們擁有世界上最大的自然可耕地，具備成為世界穀物產區的潛力，石油、天然氣和礦業也逐漸發達。無線電話和科技也迅速發展，奈洛比（Nirobi）、阿克拉（Accra）、拉哥斯（Largos）和吉佳利（Kigali）開始有了「草原矽谷」（Silicon Savannah）的稱號。最難能可貴的是，這些都是實際的成長，而不是投機性的泡沫現象。我們的經濟並不像許多人想像的那麼依賴商品，全球經濟衰退對我們的影響也遠小過其他地區。

當西方主流媒體關注的還是戰火、貧窮和獨裁主義之時，非洲正吹起一陣和平民主風。一九九〇年時，非洲只有三個民主國家，但現在五十四個非洲國家中，有二十五個國家或多或少實行民主政治，最貼切的例子是剛完成一場和平民主選舉的奈及利亞。才在不久之前，多數非洲城市的看板上掛著的是一張張總統或將軍的大頭照，非民選的大人物傲慢地俯視著子民，市中心的廣場則滿是列寧和馬克思的雕像。如今的看板上，是海灘渡假村、消費品、投資和銀行的廣告；市中心的廣場則是一家家的新潮咖啡店，賣拿鐵給在智慧手機上讀政治部落格和時尚雜誌的時髦專業人士。

＊譯注：經濟大衰退（Great Recession）指的是自二〇〇七年開始浮現的金融危機引發的經濟衰退。自次級房屋信貸危機爆發後，投資者開始對不動產抵押貸款證券（Mortgage Backed Securities）的價值失去信心，引發流動性危機，並在二〇〇八年九月開始失控，蔓延至其他經濟領域。

誰是這個轉變的幕後推手？非洲下一步又要往哪裡去？

這本書就是要回答這些問題。

統計數據並不代表一切，所以我在這本書中不會引用太多。那些數字無法告訴你一個在剛果的發明家，是如何為他的大學設計筆記型電腦；或是一個在阿克拉的青少年，是如何成立一家用竹子製造腳踏車的公司；數字也無法描述新一代受過教育、沒有上一代戰亂包袱的年輕人，是如何的活躍和有野心。如果信心是投資的原動力，你不妨看看人稱「新生代獅子」的現代非洲年輕人是多麼有精力和樂觀，然後再做投資決定。

這並不是在說非洲的一切都是美好光景。我和我父母都在非洲親身吃過許多苦，經歷過恐怖的事，這本書並不會漂白這些問題，像是西非的伊波拉病毒，以及長期的貧窮和高失業率，我們從經濟成長到全民就業與機會平等還有很長的一段路。政治體系方面，我們也還不如瑞典、挪威或美國來得自由、成熟或民主。

但非洲並非單獨的個體，它是多元、多變、多方語言的大洲，比你想像中來得大，也比媒體片面描述的貧窮、戰爭、貪污和疾病樣貌來得複雜。我常覺得西方可憐非洲，認為非洲需要救助——在這裡，我要告訴你實情完全相反。我們不需要救濟，我們不應該、也不想要別人的憐憫；我們要的是合作夥伴，要和西方做生意，相信商業往來對彼此都有利。

你大概聽說過非洲到處都是愛說故事的人，而我一直相信我們非洲人需要說自己的故事，這就是本書的目的。部分的故事是我自己的經歷：我的家族在非洲的歷史追溯自一八九〇年，我的公司馬拉集團和基金會從一九九六年烏干達坎帕拉小巷裡一家小小電腦零件店，至今是一家在二十二個非洲國家營運的國際集團。雖然非洲有五十四個國家，這本書會集中焦點在我最熟悉的下撒哈拉區（sub-Saharan Africa），還有幾個我曾經住過或是去做過生意的國家。

最重要的是，我會藉由過去二十多年我旅居非洲各個角落、結識傑出非洲人士的互動，來述說非洲興起的故事。這些人推動非洲的改變，他們的故事就是這個新非洲的故事。如果亞洲之虎是二十世紀最後幾十年的經濟奇蹟，非洲之獅就是二十一世紀的成功故事。

最近在美國一個投資人大會上，有人問我：「你認為非洲什麼時候會跟上世界的腳步？」

我回答說：「我們不會跟上世界，我們將會帶領世界。」

這本書將會解釋我為什麼這樣認為。

艾希什・塔卡爾（Ashish J. Thakkar）

馬拉集團（Mara Group）、馬拉基金會（Mara Foundation）創立人

二〇一五年四月

第 1 篇

非洲雄獅

1

我們的過去不代表我們的未來

那年我只是個十四歲的孩子，完全搞不清楚狀況。伊迪·阿敏（Idi Amin）於一九七二年發布亞裔驅逐令，我的父母被迫流亡，終於在二十三年後的一九九五年回到烏干達。我父親計劃在維多利亞湖（Lake Victoria）泥沼岸北邊二十英里的坎帕拉（Kampala）街上開一家小店鋪，這條街雖然髒，卻是穿越坎帕拉市頗有風味的一條商業通道。我父親在阿敏掌權之前就是開店維生，我的祖父和曾祖父也都是做這一行。這次我父親得從頭開始，不同的是，他和我母親現在有了三個小孩，還有一個尚在襁褓裡的外孫女。

烏干達在管制時期衰敗了許多，道路坑坑疤疤，沒有電力，街道上垃圾滿地，連市區綠意盎然的七個山坡似乎也失去光彩。無論是麵包、牛奶、糖、布料、衣服、家用品或電器用品，樣樣民生用品都缺。我父親得搭七個小時的飛機，過境肯亞的奈洛比（Nirobi）到杜拜採貨，買攪拌機、烤麵包機、鍋子和熨斗。

某次父親去採貨時，給我買了一部三八六電腦。這是一部必須自行組裝的非品牌電腦，有十六MB的隨機存取記憶體、硬碟容量五百一十二MB，而且隨機安裝了新上市的Office 95視窗版。那部電腦很貴，要價美金一千一百元。[1]當時我父親其實沒有闊綽到這種程度，但是因為我一直求他，他還是買了。

我那時對電腦一竅不通，也沒錢去坎帕拉唯一的工專上課。Office95在當時已經風靡歐洲、美國和亞洲，而且筆記型電腦開始流行，蘋果電腦也推出麥金塔電腦與Powerbook 500。然而在烏干達，電腦仍是為數稀少的奢侈品，只有公司行號和商業人士才買得起。

附近有一家專門替公司排除電腦故障和除錯的公司，他們提供技師到府維修的付費服務，我是從他們那裡學會組裝電腦和灌軟體的。我打電話請他們來幫我裝電腦，他們派了一位很囉唆的女士來，我邊看邊學；一個星期後，我把電腦解體，又打電話請她來。她覺得事有蹊蹺，狐疑地打量我，但還是再幫我組裝一次，看來我裝無辜的表情奏效了。就這樣，一個星期之內我已經會組裝電腦，灌軟體也很熟練。

很快地我已經開始用微軟的小畫家，嘗試不同的字型、顏色和設計，幫我父親的店做招牌、廣告和傳單。數學是我在學校最拿手的科目，於是我用Excel幫我父親算價錢。他從小時候就用紙筆計算，一向都這樣做，但我輕易說服他用Excel比較跟得上時代。我很慶幸我父親願意採用新科技，他對科技的態度為我們未來的工作關係打下了重要基礎。要不了多久，我開始用試算表記帳：存貨、成本、營運費用、進口關稅、所得稅、獲利等等。

有天晚上，我父親請一位朋友來我們在坎帕拉市中心附近、科洛洛山（Kololo Hills）下奇斯曼提（Kisementi）區租的房子吃飯。這棟房子根本比不上我父母親在一九七二年逃出烏干達之前所住的殖民地風格華宅，甚至比我們在英國洛石米德（Rushey Mead）時住的房子還小。我和二姐亞瑚蒂（Ahuti）是在英國出生，加上大姊羅娜（Rona），我們三人是聽著父母敘述東非老家的異國故事長大。不過此一時、彼一時，我們雖然嘴上不說，但大家都心知肚明家道中落，日子不好過，覺得鄰居、朋友甚至親戚們都看我們可憐，在我們背後竊竊私語，異口同聲地說這家人真是倒楣，一直做錯決定。「蒲拉提（Prateen），你怎麼不幫幫你父母？去店門口擺個攤修手錶吧！」（蒲拉提是我的本名，二〇〇〇年五月，我的精神導師幫我取了一個新名字叫亞席士，是梵語中庇佑的意思。）

是我想多了嗎？或許吧，但我直到最近幾年，才了解我父母在剛搬回非洲的前幾年處境有多艱難，以及是如何煞費苦心不讓我們三個孩子受到傷害。話說回來，我們雖然奄奄一息，但還活著；我們在盧安達差點就沒命了。一九九三年我們從英國搬回非洲時，第一站去的不是烏干達，而是盧安達，我們在那裡經歷過的、看過的事情，一輩子都忘不了。

父親開輪胎行的朋友一看到我的電腦，就忍不住跟我說他也很想要有一部電腦。那時候你在烏干達要不是買不到電腦，不然就是要價驚人。我不久後就發現，整個下撒哈拉區域都是這樣。

出於直覺，我馬上跟他說我有兩部電腦，可以賣他一部。我顯然遺傳到我們家族做生意的基因。

「多少錢?」他問我。

「一千三。」

「成交。」他回答。

「我明天一早送去你辦公室。」我笑著說。

我父母完全不知情。

晚飯後，我心不甘情不願地把我所有個人檔案刪除，把試算表和小畫家的檔案存到軟碟上，擦乾淨螢幕，然後把電腦裝回原來的箱子裡。第二天一早，我就把電腦送到輪胎行並收錢，淨賺兩百元。

當然，我始終還是得向父親全盤托出。

我父親聽了大發雷霆。父親知道我遺傳到我們塔卡爾家做生意的本能，所以他並不是氣我賣掉電腦，而是氣我對他的朋友撒謊，說我有兩部電腦。我父親杰格迪士．塔卡爾（Jagdish Thakkar）是坎帕拉當地人尊稱的老大，容貌威嚴、英俊高大，往後梳的一頭銀髮宛如獅子鬃毛。他秉持著崇高的道德標準：誠實為貴，絕對不能說謊。

但我這個迫不及待的小獅子心裡有其他的打算。我把電腦的成本一千一百美元還給父親，請他下次去杜拜時再買一部電腦回來，我會試著把那一部也賣了，再賺一筆。新電腦買來後的一個星期，我每天放學就回家換上白襯衫，在坎帕拉的市中心商業區一家接一家公司地推銷電腦；我現在是電腦銷售員了！

沒有多久，我就把電腦以一千四百元的價錢賣給我的高中校長，淨賺三百元。即使以今天的標準來看，我的推銷技術還是蠻有說服力的。我模仿英國國家廣播公司科學節目中那些未來趨勢預測家的語氣，跟校長說：「校長，即使是在非洲內陸，總有一天每個人都會用電腦，它對教育和商業發展十分重要。還有另一個科技新發明叫網際網路，您聽說過嗎？」

事實上，在烏干達沒有幾個人聽說過網路，更別提我們校長了，但我還是說服校長讓我教老師們用新電腦。中午休息時間，我不去和其他同學一起吃飯，而是幫老師和辦公室職員上電腦課；這真是很棒的角色顛倒，我是一個管大人的小鬼頭！（我到現在有時還是會這樣覺得。）

「要是電腦壞了怎麼辦？」校長問我。

我笑著回答：「你可以付錢請我修。」

回想起來，我想校長比我還早領悟到我長大後要做什麼。在一次學校舉辦的聚會上，校長跟我父母說：「你們這個兒子不會想繼續念書。他是天生的生意人，學校不是他待的地方。」

幾個月後，我剛滿十五歲，就跟父母說我要退學去從商。我說我要在坎帕拉開一家賣電腦零件的公司，不管他們是否贊成，我終究要走上這條路。他們可以選擇現在就支持我，或是讓我在學校多浪費幾年的時間，然後再去開公司。

他們瞪著我，像是我瘋了一樣——在經歷這麼多苦難後，我竟然要在十五歲的時候輟學？教育對每個家庭來說都很重要，但對我們家這樣兩度失去一切的家庭，任何事都比不上教育來得重要。

所有帶著年幼子女開創新生活的父母，常常會這樣想：雖然自己沒有大成就，但他們的努力都是為了下一代；他們的小孩將來會完成父母無法達成的夢想，會念書、上大學，然後當律師、醫生、會計師、生意人或是創業家。教育是這個夢想很重要的一環，然而我這個瘦巴巴、連中學都沒畢業的十五歲小孩，竟然狂妄地說不要上學。

我沒有料到這對我母親和祖母的震撼會有多大，但是我父親看得出我的抱負和決心，他畢竟也是個生意人，不是嗎？我們放棄了在英國安安穩穩的生活，不就是因為他說非洲的大好機會在等著我們回去？

我父母在英國深夜促膝長談是否要回非洲時，父親對母親說：「我們的過去不代表我們的未來。」他口中的「過去」，是我們家族在烏干達打拼了三代，卻在一九七二年失去一切的慘劇。但是他語中另有含意，同時暗指非洲會不同於昔日。

我父親打從心底愛非洲，他一直認為非洲有龐大的天然資源和機會。他深深相信非洲會改變，儘管負面證據眾多，非洲總有一天會飛黃騰達。

倒不是他討厭在英國流亡的日子，英國給了我們一個家、一個避難所。我母親和三週大的羅娜在一九七二年十一月到達英國，父親幾個星期後在新年前夕抵達。因為他錯過了英國政府給烏干達印度難民過境的截止日，父親到達後立即被送進彭通城監獄（Pentonville），待了六個星期。

父親在等他的移民文件下來的時候，監獄裡對他的招待還不錯。一九七二年，八萬名印度人逃離烏干達，英國伸開雙臂大方地歡迎他們到英國建立美滿的新生活。漸漸的，有些烏干達印度人家開始在客廳牆上掛著伊迪・阿敏的照片；即使和他有血海深仇，但要不是因為伊迪・阿敏的暴政，他們也不會有機會來英國過著更好的日子，讓孩子接受更好的教育。

多年後，烏干達的新總統約韋里・穆塞維尼（Yoweri Museveni）於一九八六年造訪英國，懇求亞裔烏干達人回國協助重建。當時英國藍領階級最愛看的八卦報紙《太陽日報》（the Sun），刊出「別走，我們是一家人」的報導，呼籲亞裔烏干達人留下，我們看了真是驕傲。

我父親雖然感激英國給他的機會，心裡卻不認為這是他的家；對他來說，非洲是他能給予孩子們最好發展機會的地方。我們在英國的發展有其極限，無論再怎麼努力，也只能往上爬到某個程度。再者，我父母雖然都是印度人，卻跟非洲有很淵遠的關係，可以上溯至十九世紀後期英國殖民政府初次來到非洲之時。一八四五年，我父親的曾祖父瑪哈吉．波帕（Madhavji Popat），從印度古吉拉特邦（Gujarat）駕船四十五天，橫渡印度洋到非洲尋找貿易機會，最後在東非維多利亞湖北岸、今日的烏干達靠岸。我母親的祖父也是在同一時期來到非洲的，先在蒙巴薩（Mombasa）靠岸，最後在維多利亞湖南邊坦尚尼亞（Tanzania）的一個商業小鎮姆萬紮（Mwanza）住下來。

東非有五個國家，但我們是個緊緊相連的共同體。我母親是一位身穿紅色傳統印度服裝的坦尚尼亞漂亮少女，在我阿姨的安排下，於一九七二年在坎帕拉跨湖渡輪上認識了我父親。他們很快就墜入愛河，在兩家人嚴密而傳統地監督下交往一陣子後便結婚，開始兩人的新生活，在非洲紮下了根。他們一起開了一家公司叫好夥伴貿易（Pamoja Traders，Pamoja是斯瓦希里語「合作」的意思），在彭巴（Bomba）和坎帕拉有兩家店。生意有段時間做得還不錯，但是好日子並不長久。

從我父親的眼神中，我知道當他聽到我的計畫時有多驕傲。最後我和我父母妥協，他們讓我休學去做生意，但要是一年內做不起來，我就得收攤回去上學；我覺得這很合理。接著我父親借了我兩千五百元，我一輩子也忘不了這個恩情。

對我來說，我父親不只是扮演父親的角色。當時他並沒有那樣的閒錢可以給我，他這樣做是在當我的賢師、顧問還有投資人。我在事業成功、輔導非洲許多年輕人的那幾年，還常常想起父親當時給我的幫助。許多人腦子裡有好主意，但有點子是一回事，有人願意幫忙實踐完全是另一回事。尤其是在非洲，從有點子到實際執行中間的落差，不管是輔導、資金和投資，往往是大到無法克服。我父親幫我解決了這個問題，直到今天他依舊是我的領袖、我的英雄。

我勉強湊到另外兩千五百元，現在一共有五千元的創業金，可以開張了。我在坎帕拉街、父親的店對面租了一個辦公室，那是坎帕拉創先例的第一家電腦店。你若是今天去坎帕拉街看看，一條長過一英哩的街，兩邊各有一百多家店，賣的都是電腦科技相關的東西。我用辦公室這種說法是誇張了點，那裡只是一個類似窄走廊的空間，白牆上設了幾個架子，天花板上垂著一盞日光燈，走到底有個玻璃櫃台，我就坐在櫃台後面。

外面街上的小孩們對過往的路人大聲喧囂，小販叫賣著魚干、鳳梨和芒果，還有叫做瑪塔圖（Matatus）的小巴士計程車來來去去，不停地放著剛果舞蹈的音樂。我花了八百元買辦公家具，雖然擺完家具後這家店還是不怎麼起眼，但至少我有辦公桌、椅子還有文件櫃了。我另外花八百元買機票，因為開店需要備貨，諸如主機板、鍵盤、滑鼠、軟碟片和微軟出品的軟體等等，這些只有去杜拜才買的到。

十五歲的我帶著兩千四百元，第一次要自己去採貨。祖母和母親送我出門時，祖母眼中含著淚水，對我母親說：「他還這麼小，外面的世界會把他生吞活剝！」

我母親也在啜泣。她一直是我們家的向心力所在；從抱著三週大的女兒逃離烏干達，到在盧安達做出保障我們安全的決定，她始終是我們家的精神支柱。即使是現在，每次一想到當時她臉上焦慮的神情，我的心都還是會痛。我真的太早離家了。

我還記得首次離家時的另外一件事。祖母將一個小小的塑膠袋塞到我手裡，裡面裝的是一張哈努曼（Hanuman）的照片，祂是印度教裡掌管力量之神。和這張照片釘在一起的另一面，是有名的印度傳教士莫拉利．巴普（Moraridas Prabhudas Hariyani – Morari

Bapu）。他是我們家的精神領袖，我從七歲開始就是巴普的信眾。一九八八年，巴普在英國舉行一場誦經會（Ram Katha），這是他每年為數百萬信徒舉辦的十二場環球誦經會之一，每場為期九天。那時我的姑姑請他到我們在萊斯特（Leicester）的家裡作客，和巴普的會面對我們家許多人帶來深遠影響。

和我父親一樣，巴普嚴守個人規範，重視誠實、愛心和同理心，我們被他的氛圍和能量深深感動。我父親那晚戒了菸，並且改吃素；我則找到至今仍保有的心靈平靜，以及一股內發的能量。我從那天離家起，出門都帶著祖母給我的這個信物，它是我的護身符；於我寫這本書的此時此刻，它就在我身邊。

肯亞航空的班機從恩德培（Entebbe）起飛，往東飛去奈洛比轉機。我這個無名小卒穿著不合身的西裝，坐在經濟艙的後排，假裝像個大人。這是我第一次自己搭飛機，當時我並沒有料到這個第一趟航程，開啟了我接下來的十九年搭乘上千次班機到非洲和世界各地。

空中小姐把我當成是走丟的小孩。「真可憐，這個單獨坐在後面的小孩是誰？」她們輕聲細語地安撫我，並拿果汁給我。我很討厭當她們眼中的小男孩，決定要開始刮鬍子，因為我聽說即使臉上無毛，持續刮鬍也會長出一點鬍渣。我得在臉上長點鬍渣，外表成熟一點別人比較會尊重我。

飛機轉向東邊時遇上亂流，風吹過維多利亞湖閃閃發光、像是一片銀色玻璃的廣闊湖面。湖的西岸是茂密的樹林和綠色的平原，還有一群群遍地遊走的動物。湖的南方、越過坦尚尼亞的岸邊，則是東非大裂谷（East African Rift Valley），接上崎嶇蜿蜒、叢林遍布的魯文佐里（Ruwenzori）山脈，以及盧安達的維龍加山脈（Virunga Mountains）。

我回想起在盧安達的日子。只是一年前而已嗎？我一直努力抹去那些記憶，但是怎樣都忘不了。誰猜得到那裡會發生什麼事？至少我們完全沒有料想到。我還記得一九九三年春天，我父親在萊斯特的家裡餐桌上攤開一張熟悉的非洲地圖，叫我和亞瑚蒂加入他和我母親的談話時，他的臉上充滿了欣喜。

「我們要回家了！我們要回非洲了！」他高興地說。

他往地圖上的一個小國家一指，那個國家小到名字都被我父親的手指擋住，彷彿陰影籠罩著太陽。我從來沒聽說過這個國家，連名字都不會唸。我們的兩個姑姑還有她們的家人就住在盧安達。

「盧安達！盧安達到處都是機會！」當然，事情並不如我父親所願。烏干達在伊迪．阿敏統治下的景況是一回事。八萬印度裔住民在一九七二年被趕離烏干達：開店的、做生意的、老師、律師和醫生，很多都是像我們這樣在烏干達有上百年歷史的家族。往艾德培機場的路上，處處是軍方設下的路障，喝醉酒的士兵用槍威脅逃亡的難民，奪取他們身上諸如手錶和珠寶這類僅存的財產，做出最後一次羞辱。

但是盧安達呢？盧安達那樣令人啞口無言的殘暴，跟烏干達是完全不同的等級。

想像一下，十二個月後，我們躲在吉佳利吉米胡勒拉（Kimihurura）家裡中央的房間；我們家在能夠俯瞰山谷的山坡上，子彈和砲彈碎片已經在我們頭頂飛來飛去整整三天。我們家很不幸地位在國會大樓下面，盧安達軍正從另一個山頭砲擊國會。現在是早上，轟炸暫時停了下來。我父母、亞瑚蒂、圖西族的女傭和司機都在睡覺，他們已經好幾天無法入眠。我從房間爬出來，經過客廳爬到窗戶邊。我睜開眼往下看，蜿蜒的綠色山谷散布著腥紅的泥巴，路上滿是廢棄的車輛和屍體。一群人拿著開山刀在離我們家一哩外的路口，不知道是不是士兵；他們從一個母親手裡奪走她的孩子，我隔著玻璃窗，遠遠地看見那孩子無聲的尖叫。士兵們把孩子抓在手裡，往空中一拋，像丟洋娃娃一樣，然後舉起了開山刀……

飛機突然震了一下，然後慢慢脫離亂流，太陽也逐漸露出臉來。我看著下面綠色的平原，閉起了雙眼。「我做得到的！」我對自己打氣。「我做得到！」

接下來的四個月，我每個週末都飛去杜拜。我會在星期五晚上帶一個空的行李箱從坎帕拉出發，然後在星期天帶著裝滿電腦零件和軟體的箱子回烏干達。近幾年我跟比爾．蓋茲（Bill Gates）比較熟了，我跟他坦承：「比爾，你絕對猜不到我總共在行李箱裡帶了多少微軟公司出品的軟體，從杜拜越過印度洋到非洲！」我的行李一次當然裝不了那麼多東西，所以我也會從杜拜機場寄幾個箱子回去。

星期一到星期四我會在坎帕拉，如果不是待在店裡，就是到處向銀行、旅館、學校或餐廳推銷產品，問他們需要什麼軟體並填訂單。因為我開的價格很實惠，生意狀況很好；累積了足夠的訂單之後，我就在星期五搭飛機回杜拜，空服員跟我都混熟了。我開始刮鬍子，但還是長不出鬍渣；我試著沈著嗓子說話，但她們只是繼續笑我，然後又拿更多的果汁給我喝。

杜拜是個新舊交集的大城市。

德拉（Deira）位於舊市區，是歷史悠久的波斯灣港口。這裡有布料店、穿著傳統服裝的阿拉伯酋長在黃金市場（Gold Souk）街頭的咖啡店抽水菸，還有印度人在空間比我的店還小的店面賣東西。德拉在豪爾河（Al Khor Creek）的東岸，骯髒、擁擠、便宜——十足十的道地風貌。我父親（母親也是）都來這裡幫店裡買貨，他們仔細跟我交待過要住哪間旅館；我通常都是住在黃金市場附近木須巴扎（Murshid Bazar）區的拉帕茲旅館（La Paz），那家旅館到現在都還在，名字沒變，服務、設施也還是跟以前差不多。我最近回去那裡看了一下，在門口遇見一個塞內加爾年輕人，他正在把一箱箱的電腦軟體搬上在旁邊跳表等待的計程車；那個匆匆忙忙的年輕人就是十九年前的我。

布爾杜拜（Bur Dubai）在河的另一邊，在德拉和杜拜市中心的中間。市中心是鋼筋水泥高樓大廈群集的現代化市區，世界上最高的建築物哈里發塔（Burj Khalifa）就在這裡；我後來在這棟樓裡住了一陣子，我姐姐也在這裡有間公寓。旅遊雜誌封面上常看到的六星級酒店和高級住宅，也都座落於市中心。賣電腦的店鋪集中在布爾杜拜的卡里濱阿爾瓦利街（Khalid bin al Walid）上，那是一條有歐洲風味的大道。大型店鋪都位在主幹道上，但旁邊的巷內有上百甚至上千家小店，延伸著好幾條街。這大概是全世界最大的電腦商品販售區。

我沒錢住在布爾杜拜，連搭計程車過去的錢都沒有。每天早上我都是搭船或是坐叫做阿布拉（abra）的水上計程車去河的對岸，然後再走到電腦街。我規劃了一條採買路線，而且很快就把市場價格摸得一清二楚。星期六早上我會去卡里濱阿爾瓦利街上比價，把各家的價錢抄下來。中午禱告時間街上沒人，我就去附近的麥當勞，把我的試算表拿出來，計算我的成本、關稅和銷售稅，麥當勞成了我的辦公室。

我把一分一毛都算的很清楚：我知道我能花多少錢，回到坎帕拉要付多少進口稅和銷售稅；如果我把所有存貨都賣出去，一星期可以賺多少。數字算完之後，下午我就針對選定的那幾家店，用最便宜的價格買下我需要的貨品。

早在我頭幾次去杜拜的時候，我就注意到另一件事。中午禱告時段雖然街上空無一人，麥當勞卻是人滿為患。顯然我不是唯一一個在杜拜的非洲人。

他們來自各國：奈及利亞（Nigeria）、迦納（Ghana）、甘比亞（Gambia）、獅子山共和國（Sierra Leone）、衣索比亞（Ethiopia）、肯亞（Kenya）、坦尚尼亞、尚比亞（Zambia）、辛巴威（Zimbabwe）和剛果（Congo）。他們雖然年紀比我大，但也沒大多少，大約二、三十歲，個個年輕、有野心，跟我一樣來這裡買電腦和電腦零件，然後運回國內賣。

我非常驚訝，看來不只是烏干達，整個非洲都需要電腦和軟體。如果有這麼多非洲人大老遠跑來杜拜買貨，還有多少人是在其他地方做這一行生意呢？電腦的市場實在是太大了！

我很快就跟那些在麥當勞的非洲人混熟，我們一起叫薯條和奶昔，然後交換筆記、比較各店家的價格：哪家的主機板和鍵盤折扣最好、哪家在清倉光碟片、哪裡賣的不斷電系統（UPS）最便宜。因為非洲的電力供應不穩定，不斷電系統在非洲的需求量很大，它也成為我們說笑的話題，互相比較各自國家的電力系統有多差、不斷電系統有多重要。

「往光明的一面看，我們有不斷電系統的錢賺！」我說。

「你是說往漆黑的一面看吧！」另一個人玩起雙關語，我們都笑了。

我們漸漸熟識，有點像是組成了一個小團體，你可以叫我們「麥當勞幫」。我們的膚色不同、打扮不同、語言不同、宗教信仰不同，但是我們有一個共通點：都是來自非洲，大家同舟共濟；有時候，還真的是「同舟」。他們也都知道便宜的旅館在德拉，最便宜的交通方式不是一般的計程車，而是阿布拉——那是一條窄窄的木船，過河只要二十五分錢。

我還記得阿布拉走的路線：先是看到在棕櫚樹成排的河岸邊的皇宮，往下游轉了一個彎，可以遠遠看見布爾杜拜的高樓大廈。但那景象和今天耀眼的程度差遠了，杜拜就如非洲，也經歷了大幅的成長。有些傍晚我在等阿布拉時，會在河岸邊的咖啡店買杯柳橙汁，邊喝邊看著籠罩在夕陽下的黃金市場，身體疲憊但精神一振，再慢慢晃回我的廉價旅館。我不在意那裡不入流，我精算過能負擔起什麼樣的住處，自己心裡有數。

就是在那間麥當勞，我有了一個改變人生的體悟，事情發生在我開始去杜拜採貨三個月後。

我坐在賽剛（Segun）旁邊，他是來自拉哥斯的奈及利亞人，個性自信精明。我之前見過他幾次，他是麥當勞幫的常客之一，已經來杜拜三年，沒人比他更熟悉這裡的市道。

「賽剛，你對電腦街很熟，來這邊很多趟了。你倒是說說看，哪家店願意借你錢？」我問他。

「借錢？」他反問。奈及利亞人說的英文混雜著母語，講得又快又沒頭緒，口音聽起來若非像是快要發脾氣，就是好像他們覺得你說的話很離譜，再不就像是在笑。奈及利亞人和美國人一樣，性格傲慢但也魅力十足。

「你知道的啊，就是讓你賒帳、之後再還錢，頂多加上一點利息。你來這邊這麼多年了，那些店家一定願意借你錢，不是嗎？」

他看著我，像是我被烈日曬昏頭了。

「蒲拉提，我們是非洲人，從非洲來的人，你懂嗎？這裡沒有一家店會願意借非洲人錢。他們不相信我們會還錢！」他邊說邊笑。

我像是被雷打到一樣，突然有了一個點子。我的腦袋拼命運轉，這是我們家族做生意的基因在作怪。我何不在杜拜開一家店，專門借錢給這些非洲同胞？他們有那麼多人，如果他們願意花這麼多錢買機票來這裡，他們一定是認真在做生意，我何不利用提供貸款的方式，成為他們獨家的經銷商？

我進一步思考，這下子他們何必過來杜拜？我可以寄貨給他們呀！他們不需要再花錢買機票了——呿，我不但借他們錢，連貨都送到門口；必要的話，我親自送過去都成！

「蒲拉提、蒲拉提，你還好嗎？」賽剛的聲音像是遠方的回音。

我從恍惚中醒來，向外望去。麥當勞的黃色M型招牌看來更亮了，宣禮員召喚大家去禱告的聲音也停了。

「賽剛，我們的過去不代表我們的未來。」我微笑著說。

2 我們是一個洲，不是單一國家

我們萊斯特的家裡有一張非洲地圖，我常常一邊喝著印度香料茶，咬著母親做的烤豆吐司，一邊盯著那地圖看上好幾個小時。家裡有親戚或是一起從烏干達流亡至英國的朋友來訪時，他們總是感嘆地聊著那個舊時的國家。我會聽他們說城鎮和鄉村的名字，然後在地圖上一一找出來。他們聊的大多是東非：蒙巴薩、姆萬紮、達累斯薩拉姆、尼羅河莫奇森（Murchison）瀑布的越野探險、坎帕拉盧果果球場（Lugogo Oval）的板球賽，還有奈洛比的汽車電影院。我喜歡在那張地圖上找出這些地名，一個個都是我父母親已經褪色的過去片段。他們敘述的和我在電視上和收音機裡聽到的非洲很不一樣，過去的非洲顯然是個比較快樂、安全、浪漫的地方。從媒體報導的角度來看，非洲只有戰爭、飢荒、貧窮和疾病，到今天多少都還是這樣。

我們在一九九三年回非洲，第一站去的是盧安達，然後才去烏干達。我那時對東非的地理和文化已經有點認識，但對非洲的其他地方，像是衣索比亞、尚比亞、辛巴威，或是西非的奈及利亞、迦納和塞內加爾（Senegal）都還是很陌生，而且它們聽起來像是沒有人想去的地方。

直到我去了杜拜，一個跟印度隔著阿曼灣（Gulf of Oman）的中東沙漠城市，我才清楚地見識到非洲龐大的潛力，我可以了解這有多諷刺。在杜拜遇見那些從非洲遙遠角落前來、志同道合的年輕人之後，使我理解到非洲是個多元的地方，和媒體選擇性的報導非常不同。

但我真正了解到非洲的規模和潛力，是在我進行下一步，到非洲各地訪查那些跟我往來、出口電腦產品（後來還有其他產品）的個人戶和公司時才發生的。

我和賽剛在麥當勞對話之後（就是我領受驚天頓悟的那一刻），我馬上到卡里濱阿爾瓦利街上我常去的一家店，問老闆願不願意貸款給我。賽剛說的沒錯，對方一口拒絕，但不是毫無轉圜。老闆說我得先在杜拜註冊成立一家有限公司，他才願意借我錢。

「要怎樣註冊？」我問他。

他告訴我說我需要一個PRO——也就是政府協調員——來幫我尋找當地的贊助人，杜拜所有的外國公司都需要有一個持股五一%的當地贊助人。店老闆幫我介紹了一位政府協調員，我們約在附近的咖啡店見面。

他上下打量我，覺得我不怎麼樣。「好吧，我幫你找一個便宜的贊助人。」我聽了不怎麼高興，我的直覺是便宜沒好貨。「不，給我找個貴的。」我堅定地說。

他嚇了一跳，但還是不太理我。這時我想起來賽剛跟我說過，杜拜人覺得非洲人既不老實、又不可靠。我跟這人說我是烏干達來的，他認為我是非洲人，所以不可靠。但是我有英國護照，於是我祭出這張王牌。

「你知道我是英國人吧？」

「是嗎？」他現在會笑了。「英國人，沒問題。」

他後來幫我找了一位叫「默罕默德將軍」的人來贊助，其實他是杜拜的警察局長之一，這才比較像樣。我從這裡還學到另一件事：要拉對關係，還有記得便宜沒好貨。我下一趟來杜拜時，和這位警察局長碰面談了幾小時。

阿聯酋人很真誠、有同情心和好奇心。我跟局長說我的來歷：我父母一九七二年在烏干達失去一切，搬去英國然後又搬回非洲，只是很不幸地又碰上盧安達一九九四年的大屠殺，再一次失去所有。我們回到烏干達，我在那裡就學，然後三個月前（真的只是三個月前嗎？）我開始買賣電腦做生意。

這是我第一次說我的生平故事，第一次想到我們家的故事也許聽來並不尋常。小孩子不會覺得那樣長大有什麼稀奇，你的生活就是逆來順受，你不知道有其他過日子的方法。局長一定是被我的故事打動了，我提到盧安達時他睜大了眼睛，一副無法置信的樣子。他答應當我的贊助人，我們填了一些表格，然後約定一天去法院註冊公司。

那天法庭上發生的事，我到今天還印象清晰，大多是因為其中一段像是超現實的喜劇。法律程序是用我不通曉的阿拉伯文進行，所以我完全不知道他們在說什麼，但是一切看來進行順利。為了看起來像個重要人物，我特地穿上西裝。我仔細看著我身邊的代表（警察局長和政府協調員），像是拳擊手在觀察他的教練。我馬上就是一個杜拜公司的老闆了，我真是厲害！

正當我以為一切都已經辦妥之時，事情不對勁了。法官看著我的申請書，嘴裡唸了幾句，然後遞給警察局長一張紙。局長氣急敗壞，馬上站了起來，開始對我的政府協調員大聲咆哮，對方縮成一團發抖。

「有什麼問題嗎？」我很訝異情況突然有變。

「他表格填的內容有錯！」局長大吼，然後轉過頭來看著我，笑著說：「他寫你只有十五歲。」

「呃⋯⋯可是我真的只有十五歲。」我含糊地說，緊張得不得了。

這時局長看著我，臉脹紅到好像要爆炸一樣。「什麼？你只有十五歲？這太誇張了，十五歲怎麼能開公司？你不過是個小孩！你為什麼沒有跟我說？」

我和局長講述我的故事時，的確沒有透露我的年齡，當時我不覺得那有什麼重要的。

「有變通的方法嗎？」我嗚咽著，變回那個天真無邪的小孩。局長和政府協調員討論了一下，然後上前去和法官請示。唯一的辦法是讓我父親來杜拜一趟，簽名做我公司執照的保證人。

那天下午，我打了電話回家給我父親。同樣大呼小叫的劇碼再演一遍，只是這次是透過有雜訊的越洋電話。

「什麼？你要在杜拜開公司？你怎麼不跟我說？你母親會……」

父親最後當然是同意了。一個星期後，文件批准下來，我正式成立了一家杜拜的有限公司，這家公司以後會是我們許多家族企業很重要的一環。我們將公司取名叫「萊普」（RAPs），是我和兩個姐姐名字的開頭簡稱（我那時還是叫蒲拉提）。

稍微講一下默罕默德將軍。他到現在還是我公司的大股東，十九年來我們始終是生意夥伴。

阿聯酋人和非洲人有很多相同之處，例如生意往來並不那麼正式拘謹，而是建立在信任、人脈和友情之上，尤其是無心機的單純友誼。杜拜有許許多多外國人，但我在那裡的大多數朋友都是阿聯酋人，我和阿聯酋人很合得來。

一九九六年開始，杜拜成了我的基地，是我前往非洲的跳板，因為從杜拜飛到我要去的那些非洲國家比較方便。我們在坎帕拉的店當然還在，但我們在卡里濱阿爾瓦利街上有了一個小小的、不起眼的套房，當作萊普在中東的辦事處；我喜歡把這裡叫做我們的總部。

我兩個姐姐從一開始就是公司裡很重要的成員，所以用她們的名字取名十分恰當。不到一年，羅娜已經從倫敦搬來杜拜，負責辦公室的大小事還有客戶開發。她以前在葛蘭素史克（GlaxoSmithKline）做行銷，做事非常仔細。

比我大六歲的亞瑚蒂也在不久之後加入，負責接單、財務和採購。她冷靜客觀，還有一張甜美的臉蛋，很有創業家精神，也喜歡談交易。我們之後在杜拜擴張，並且將所有家族事業整合成一個集團，都是亞瑚蒂的功勞。

羅娜和亞瑚蒂也是說服我父母、讓我休學做生意的功臣，她們看見我的熱情和自信心，對我很支持。我們一家人很親，總是在飯桌上討論所有的事情。對彼此坦承是我們家族很重要的力量來源。

如果說羅娜特別細心、亞瑚蒂天生擅長創業，我則是對願景和策略最在行。我從杜拜開始實踐我的使命，也就是在非洲每一個有需求的角落供應電腦零件。我先從那些來杜拜採買電腦的非洲人當中建立客戶，但隨著時間過去，經由會面、口碑或是到非洲出差，我的客戶群很快就擴大到杜拜之外，沒多久我的出口版圖已經拓展到十一個非洲國家。

不管是誰，只要有電腦產品需求，我就是一句很簡單的台詞回覆。

「你跟我買，我就給你十五天信用貸款。」

「就這樣說定了！」

「你會還我錢嗎？」

「一定會！」

我當然還是要做盡職調查（Due diligence），那時要調查一個人的背景很不容易，並沒有信用報告之類的東西，一切都是靠信任和直覺。我得親自去拜訪這些客戶，花時間和他們相處，才能培養彼此的信任。

正是藉由這些拜訪客戶的旅程，才讓我對非洲的潛力大開眼界。

設想一下當時非洲的社會、經濟，和政治環境。我之前描述了一九九〇年代中期我剛回烏干達時坎帕拉的情況，但相較於其他我要去拜訪的城市，像是布蘭泰爾（Blantyre）、松布拉（Bujumbura）、盧薩卡（Lusaka）、金夏沙（Kinshasa）、哥瑪（Goma）和拉哥斯，坎帕拉簡直堪比非洲的哥本哈根（Copenhagen）了。

自來水是奢侈品，電力供應不穩是常態，電話也不通（那時還沒有行動電話）；基本民生用品匱乏，到處都是大排長龍；馬路崎嶇不平，旅館品質也糟的不得了。那些城市裡沒有提款機，若要把美金換成當地通用的貨幣，得去銀行用很不划算的國定匯率換，或是冒險到暗巷裡的黑市。貪污十分普遍，警察和海關無禮粗暴，還要跟你收賄。他們假設每個人都是有罪的。這些事在大部份我拜訪的城市都是稀鬆平常。

那時搭飛機很麻煩，非洲境內直飛各國的班機很少（從杜拜飛反而方便，這是把基地設在杜拜的另一個好處），但是我常常需要從一個國家到另一個國家。買非洲洲內的機票必須去旅行社或是航空公司臨櫃買，如果要改機票，得請櫃台在原先的機票上貼個貼紙標明，然後希望報到櫃台的服務員認可這項更改，願意讓你登機。有些飛機坐上去真的是拿自身性命開玩笑，有一次我搭乘俄羅斯航空的經濟艙班機，我後面的乘客往我椅背一踢，結果我的椅子整個垮下來，我膝蓋以下完全被壓住。我勉強爬了出來，然後坐在一個空服員的位子上；大家也都無所謂，因為有一半的乘客是直接睡在走道上。

另一個麻煩的地方是非洲很大，我的旅程很遠。那張掛在我們家牆上的非洲地圖比例根本不對，非洲比圖上畫的要大多了。我從倫敦飛去歐洲一、兩次，倫敦到里斯本只要兩小時，但怎麼在非洲地圖上看來一樣遠的距離，我卻飛了好久還飛不到？是飛機比較慢嗎？

在二〇一〇年，一個德國軟體和繪圖工程師凱．克勞斯（Kai Krause）為皇家地理協會展覽製作的一張非洲地圖，掀起了一陣風暴。他的地圖顯示出非洲真正的大小：非洲竟然和美國、西歐、印度、中國與英國全部加起來一樣大！這個比例不對的非洲地圖，來自於一五九六年航海家用來導航的麥卡托（Mercator）投影地圖；*雖然地圖把每個國家的形狀畫對了，北邊比較富裕的國家卻被放大。[1]

那時每次我得搭很久的爛飛機，就會抱怨個沒完。但如今通訊科技進步，搭飛機也比較方便（有時候搭飛機甚至是很舒服的），非洲的廣大反而成為競爭的優點。我們幅員遼闊，全世界都想分一份。

我在全球巡迴演講時，常常跟聽眾說非洲實際上和它表面上看來很不同。非洲的大小是其中一例，另一個例子要從我最近在洛杉磯機場的經驗說起。我在過安全檢查的時候，安檢人員對我說：「你是非洲來的？我聽說你的國家很漂亮！」但她說的完全不對，非洲不是一個國家！

＊譯注：麥卡托投影法是一種等角的圓柱形地圖投影法，得名於地圖學家傑拉杜斯．麥卡托（Gerardus Mercator）。由於可顯示任兩點間的正確方位並將大圓航線顯示為直線，航海用途的海圖、航路圖大都以此方式繪製。但麥卡托投影會使面積產生變形，極點的比例甚至達到了無窮大。

非洲有五十四個國家，有些國家相隔千里。我們有上千種語言、宗教信仰、文化、想法、歷史、景色、地理結構還有政府組織，就像是大一號的美國。美國有五十個州，有各自的州政府，甚至想法、願景和文化也不同，這一個個的州造就了美國的民主。如果美國可以，為什麼非洲不能呢？

對非洲的大小還有多元化的無知，造成了許多負面影響。當非洲某個角落發生災難，諸如戰爭、乾旱、疾病或恐怖攻擊，大家就以為整個非洲都受害。

我舉幾個例子。二〇一〇年南非舉辦世界盃足球賽（FIFA Soccer World Cup），對那些抱持否定主義的人來說，這是很不可思議的一回事。南非辦得很成功，球場狀況一流，沒有出任何差錯。但是在準備過程中，西方媒體一直誇張地說這屆賽事會是一場大災難。那些報導肇因於安哥拉分離主義者在北邊的城市卡賓達（Cabinda）武裝攻擊來訪的多哥（Toga）國家足球隊，媒體的頭條寫著：「非洲的足球賽有安全上的疑慮！」

讓我們來看看地圖。卡賓達在安哥拉最北邊，靠近剛果的邊界，離舉辦世界盃的約翰尼斯堡（Johannesburg）有一千七百英哩，中間隔著波札那（Botswana）還有大部分的安哥拉。一千七百英哩也是從倫敦到克里米亞（Crimea）的距離。請問有人因為俄國侵犯東烏克蘭，而禁止旅客前往倫敦嗎？一千七百英哩比波士頓到休士頓的距離還遠，如果休士頓有颶風，你會因此不去波士頓嗎？

最近的一個例子，也是最嚴重的一個例子，是西非在二〇一四年爆發的伊波拉病毒。病毒在三個國家爆發：獅子山共和國、賴比瑞亞（Liberia）和幾內亞（Guinea）。世界各國都公正地報導這個災難，喚起救援行動，但是因為一般人視非洲為單一國家，便認為整個非洲都有伊波拉疫情。觀光客取消去南非的假期，但是南非離賴比瑞亞有三千英哩遠！

二〇一四年非洲領導高峰會在美國華盛頓舉行，美國名主持人查里．羅斯（Charlie Rose）問坦尚尼亞的總統基奎特（Jakaya Kikwete）伊波拉對坦尚尼亞的影響。基奎特有點驚訝，他回答：「目前伊波拉的疫情在西非，坦尚尼亞位於東非。」[2] 賴比瑞亞首都蒙羅維亞（Monrovia）和坦尚尼亞首都達累斯薩拉姆相距三千五百英哩，比紐約和洛杉磯的距離還要遠一千英哩。美國的伊波拉病例比東非還多，但是你在媒體報導中絕對看不到這則消息。

另外一個我想要扭轉的成見，是大家對非洲貪腐的刻板印象。如果我請你舉出非洲貪腐到出名的國家，我猜你一定會說是奈及利亞。我們都被那些以奈及利亞為名做詐騙的電子郵件誤導了！別擔心，你不是唯一會這樣回答的人，連非洲人自己都這麼說。每當我聽非洲人這樣說奈及利亞時，我都會反駁他們。說實在的，我很聽不下去別人這樣說，因為這不僅不正確，對奈及利亞的形象也造成重大傷害。

讓我引述奈及利亞名作家奇瑪曼達・恩格茲・阿迪契（Chimamanda Ngozi Adichie）的一句話：「奈及利亞不只有一種故事。」她在TED Talks有名的演講〈單一故事的危險〉（The Danger of a Single Story）被點閱超過八百萬次，也是碧昂絲（Beyoncé）一首歌的靈感來源。「一面倒的故事導致先入為主的刻板印象。刻板印象的問題並不在於它的觀點有誤，而是那種觀點不夠全面，把一個故事變成唯一的故事。」[3] 阿迪契這麼說。

我對這種「單一故事的危險」有著親身體驗。我十六歲到拉哥斯做生意，那裡是奈及利亞重要的都會區，有一千多萬人口，大部分人住在潟湖邊的貧民窟。今天拉哥斯估計約有兩千萬人，但是沒有人知道到底實際上有多少人。我去的時候是一九九七年，當時奈及利亞正由殘忍的軍事獨裁者阿巴查（Sani Abacha）統治，那時的拉哥斯正是西方人眼中非洲既危險又混亂、毫無希望的最佳寫照。

我在拉哥斯有個新客戶，我必須親自去看他，但我其實很緊張。

「他們會把你扒光！」我在坎帕拉的朋友們警告我。

讓我從進關開始描述我在拉哥斯的經歷。

「你來這裡做什麼？」一個沒好氣的海關人員問我。

「我來這裡做生意。」

「你為什麼要來這裡？你要搬來奈及利亞嗎？」

「不是，我是來這裡做生意的。」

海關人員沒有回答，也不在我的護照上蓋章。我試著保持禮貌，但同時也不能示弱，而且我絕對不會順他們的意拿錢賄賂。

「這樣吧，你把我的機票錢退給我，我馬上轉頭回去。」

「你說什麼？」海關人員現在看來有點驚訝。

「我跟你說過了，我是來做生意的，你不需要讓我入境。但因為我是合法來到奈及利亞的，你如果不讓我入境，就得付我回程機票的錢。我有權利進入奈及利亞，你只是在浪費我的時間。」

海關人員更訝異了，他現在一定在想：「這傢伙是誰？」

「你要住哪裡？」他終於認真問我話了。

我根本不知道。我沒有訂旅館，只知道我那個新客戶開店的地址，但是他不知道我要來。

我說了一個我從排在前面的人那裡聽到的旅館名稱。那位海關人員大概是看我不好惹，不僅讓我入境，蓋章時還面帶笑容。

我決定要繼續裝著這副不好惹的樣子。

機場巴士一輛輛都是來接客人去旅館，我盯住其中一名司機。我當然不在他的名單上，可是我不但沒有央求他讓我上車，反而假裝是他的單子上漏掉我的名字。

「我怎麼會沒有在你的名單上？我跟你們旅館訂了一個房間，櫃檯說有人會來機場接我，怎麼會弄成這樣？真的很氣人！」

司機聳聳肩，笑著讓我上了他的車。我猜他大概知道我在吹牛，但是看到我擺出這種態度，他大概不想招惹我。

那間旅館在拉哥斯的主城區上，又髒又亂，根本不值一晚一百五十美元；今日的拉哥斯可是改頭換面，維多利亞島上有許多漂亮的旅館。時間已經很晚了，天色很黑，街上很多兜售的小販，要幫我換錢、帶我去酒吧，或是要賣我手錶。

我知道要去哪裡找我的客戶，隔天早上為了省車錢，我在櫃檯等到有人要往同一個地方去的時候，問他可不可以一起搭計程車。

外面又熱又悶，接著馬上就下起雨來。大雨傾盆而下，像是雨季來臨；雨水淹過路面，有些地方雨水甚至把路面都沖走了，我們跟坐船沒什麼兩樣。交通堵塞得一塌糊塗，車子（或是船身）動彈不得，印度雨季的時候都沒有這麼誇張。

整整兩個小時，我們只前進了一英哩。

我終於找到了我客戶的店，那個區域後來發展成為「電腦城」，景象令人無法置信：一條又一條的街上滿是各式各樣的尖端用品店，賣最新穎的手機、相機、桌上型電腦、筆記型電腦、軟體和電玩，就像是一個迷你的科技之都！

我的客戶見到我很驚訝。我在杜拜同意提供信貸給他的時候，他跟我說他在主要街道上有一間大店面，結果他的店是和兩個朋友合開的小舖子。這倒不是問題所在——問題在於他答應要把我們公司的招牌「萊普電源」（RAPs Power）掛在店門口，但是我完全沒看到。為了提高利潤，我已經開始賣萊普自有品牌的產品；我直接到供應的源頭，和一家位於台灣的不斷電系統製造商談定合約，讓他們幫我製造貼牌產品。萊普後來成為非洲最大的新品牌不斷電系統供應商。我之後去新加坡如法炮製，找當地的筆記型電腦製造商代加工。

我跟他說我沒有看到我公司的招牌，他找了幾個藉口搪塞。我四處看了一下，這裡有上百家店，大好商機等著我開發。許多店家有人跑出來給我名片，問我來這裡做什麼；當我說我是來自杜拜的供應商，他們馬上歡迎我進去參觀。我有這麼多其他的選擇，我的客戶心裡也有數。他跟我道歉，但為時已晚，我們之間的信任已經喪失了。我有許多其他客戶可以合作，所以我最終拒絕跟他做生意。

奇怪的是，我很喜歡拉哥斯，我在這裡的每分每秒都很開心。我對奈及利亞實在是捧到不能再捧了，我在別處從來沒有像在奈及利亞那樣有回到家的感覺。我喜歡那裡的人，他們喧鬧、有活力、始終想做生意談買賣、渴望要發達並出人頭地，那種徹頭徹尾對創業的渴望很容易讓人上癮。剛踏進奈及利亞，你還沒離開機場就可以談成好幾筆買賣，這一點奈及利亞人和美國人很像。當然他們都想賺我的錢，為了拿我的錢會不擇手段，但是就看誰的手腕高明了——我也想賺他們的錢！在我眼裡，奈及利亞人是世界上最會做生意的民族，所以當他們的經濟表現超越南非，成為非洲最大的經濟體時，我一點也不驚訝。

朋友跟我聊到他最近在奈及利亞經歷的另一件事。他去拉哥斯出差，生意夥伴請他到伊科伊區（Ikoyi）的一間夜店喝酒，那是城內很時髦的一區，我朋友被吩咐要打扮得體面一點。我朋友在拉哥斯待過一陣子，完全不想在下午（或是任何時段）去奈及利亞的夜店，但是為了拿到生意他什麼都肯做。

他把地址給了司機，在拉哥斯亂七八糟的交通中開了一個小時，車子在一道木製大門前停了下來。門後面是開闊的草地，草地上有十幾隻馬匹，騎師們手持球槌、身穿完美無瑕的上等服飾。門上的招牌寫著：拉哥斯馬球俱樂部，成立於一九〇四年。我朋友的生意夥伴竟然是西非最有名的馬球俱樂部的會員，而他邀請我朋友去看一場國際馬球例行賽。誰想得到在奈及利亞拉哥斯忙亂的市中心，有一個馬球俱樂部？

你看，奈及利亞不是只有一個故事。同樣的，非洲有五十四個國家，不能以少數幾個國家的成敗與災禍下定論，我們必須整體來看。

在我早年於一個個國家冒險的過程中，我了解到另一件事：科技產品不是非洲唯一需要的東西。非洲的物資供應有許多缺口，甚至可以說是大洞。即使對於某些市場的供應面還不太清楚，我對許多不同的市場因此有了深入的了解。

在這個方面，衣索匹亞給了我很大的啟示。我其實沒有打算去衣索比亞，但是有次我從杜拜飛往達累斯薩拉姆時，要在衣索比亞的首都阿迪斯阿巴巴（Addis Ababa）轉機。我想起幼年在英國的時候，我常常聽到慈善樂團「援非聯合樂團」（Band Aid）的創立者之一鮑勃・葛多夫（Bob Geldof）為衣索比亞饑民募款的歌曲〈他們知道聖誕節到了嗎？〉（Do They Know It's Christmas），到處都在播那首歌。

「衣索匹亞？等等，我得去看看。」我心想。

我在衣索匹亞的首都待了四天。一如往常，我第一個去的地方是當地的電腦販賣區。我非常驚訝於阿迪斯阿巴巴很擁擠，某種程度上甚至可以用繁榮來形容。許多在我之前來到這個國家的人，想像衣索匹亞的畫面是穿著破爛的饑民在路邊乞討，我也是如此。沒錯，那裡有窮人、有乞丐，但還有很多其他的東西。連在飛來的路上，我以為會看到一望無際、鳥不生蛋的沙漠，實際上卻是廣闊的綠地和山丘，其間錯落著大河。

如今的衣索比亞物資豐盛，是經濟成長最快的國家之一。我學到衣索比亞有令人垂涎的料理；古文化遺蹟拉利貝拉（Lalibela）的岩石教堂，歷史可以上溯至十二世紀；它還是世界上最悠久的基督教國家之一。所以葛多夫爵士，他們真的知道聖誕節到了！任何人只要到衣索比亞看一下，就會了解英國國家廣播公司新聞網和援非聯合樂團聯手，在我腦海裡深深烙印下的那個飢餓無助的衣索比亞，只是其中一個故事，並不是全貌。

結果我在阿迪斯阿巴巴碰到的科技從業人士，要的不只是電腦軟體。

「你住在杜拜？你可以幫我的工廠找一台冷凍庫嗎？」其中一個人問我。

「沒問題，但是你會買我的科技產品嗎？」

「一定的！」

「我的玫瑰園需要一塊抗紫外線的遮棚，你弄得到嗎？」

「當然，但是你的公司會跟我買軟體吧？」

「當然！」

我做過最有意思的一筆生意，是有個傢伙說他正在建一家醫院，問我有沒有辦法幫他買兩輛救護車。我連去哪裡找一輛救護車都不知道，更別提兩輛了，但是我當然不會讓他發現。「我當然可以！」我這樣告訴他。

回到杜拜之後，我去了拉斯艾豪爾（Ras Al Khor）的阿爾阿維爾（Al Aweer）二手車市場，我聽說那裡什麼車都找得到。傳言果然沒錯！我在車廠後面的角落找到兩輛英國製造、一九七〇年車款的福特廂型救護車，它們灰塵滿佈，但是喇叭和引擎都還能用，於是我把這兩輛救護車運去衣索比亞。

我不僅是一個貨物供應商，為了建立關係，我得贏得客戶的認同。他們請我到家裡作客，認識他們的家人，學習他們的文化、習俗、傳統，還有他們做生意的方式。漸漸地，他們開始信任我，我也開始信任他們。任何一個來非洲投資的人，都需要了解這件至關緊要的事：在非洲做生意，靠的是人脈和知識。我雖然十五歲就輟學，但在非洲做生意就是我的大學，這是我所能受到最好的教育了。

我最棒的客戶是在達累斯薩拉姆起家的阿巴斯．督吉（Abbas Dewji），我們到現在都還是好朋友。我喜歡和坦尚尼亞的印度人做生意的相似性：我母親是從坦尚尼亞來的，我和那裡有淵源。坦尚尼亞人溫和友善，而達累斯薩拉姆對我來說有一種熟悉感。督吉和我一起發展各自的公司，頭幾年他的訂單只是普通規模，但不到十年，隨著他的公司成長，他的訂單已經高達上百萬美元。你想想看，一度貧窮、實行馬克思主義、一黨獨大的東非國家坦尚尼亞，單單一家電腦公司就進口好幾百萬元的電腦產品，銷售給一般的大眾，從中你不難想見市場的需求有多大。

鐵錚錚的事實是，在一九九六年到一九九九年期間，我的生意只專注在電腦相關產品上，所有向我借錢買產品的客戶都乖乖還款，完全沒有人倒帳。他們任何一個都可以隨時跑路不還錢，而我們一點辦法都沒有，但是沒有人這樣做。這是很重要的一課：我不但開始信任和尊重非洲人做生意的決心，也開始視非洲為一個可靠的成長市場。

但我萬萬想不到，我正處於一個驚人的經濟轉型之開端，一個直到今天全世界才慢慢開始了解的轉型。

3 在世界舞台上竄起

那麼到二〇〇〇年的時候，我們已經成功了嗎？我們已經成為這本書敘述的經濟成功的最佳例子了嗎？

還沒有，而且差得遠呢。

我既不是經濟學家，也不是分析師或是記者。老實說，剛開始的那幾年，我沒有花心思注意總體經濟的走向，因為我忙著在前線拓展人脈，積極地把生意做起來。再說，我如果真的是專家，天曉得我在二〇〇〇年的時候會怎麼預測非洲的未來？

畢竟那些所謂的專家，常常都搞不清楚狀況！

一九九七年《時代雜誌》（*Time Magazine*）有一則封面故事叫做〈非洲崛起〉，美國國務卿歐布萊特（Madeleine Albright）滔滔不絕地說：「非洲最佳的新一代領導人為非洲帶來一股希望和成就感，這股新精神已經席捲了非洲各地。」南非的新總統塔博・姆貝基（Thabo Mbeki）稱之為「非洲的文藝復興時期」。

但是在二〇〇〇年的時候，《經濟學人》雜誌刊登了一則我們之前提到、惡名昭彰的封面報導〈沒有希望的大洲〉。在那篇文章裡，非洲滿是戰亂和軍事衝突。

到底哪一個故事是對的？

現在回顧歷史，大概各種說法都對。就如我之前所說的，我們不是一個國家。有些國家在進步（例如南非），有些國家卻在退步，還有一些是勉強過得去。

但我可以很有自信地說，在二〇〇〇年以後，我開始注意到許多小地方有了轉變：做生意比較容易、政府官員比較可以信賴；一般人對非洲的期望開始有了不同。

起初變化是慢慢浮現，但漸漸地開始有了動力，到現在變化已經大到不容忽視。

接下來的幾章我會一一解釋這些變化背後的原動力，但我要先稍微敘述一下後來變身為今日馬拉集團（Mara Group）的公司，它從二〇〇〇年到現在的發展。畢竟我公司的成長及多角化經營，和非洲的轉型發生在同一時期，而且深深受益於非洲的發展。我始終是要從商的，但是我很幸運，挑對了在非洲做生意的時機，在我之前的非洲創業家可沒那麼走運。

之前提到從一九九〇年代後期開始，我開始直接和製造商合作，生產自家公司品牌的產品。但是到了二〇〇〇年，我知道公司一定得開始走向多角化經營。科技產品的利潤越來越低，競爭者也越來越多，坎帕拉街上的電腦店一家接一家開，我已經不是電腦業的先鋒了。此時我和許多在奈洛比、拉哥斯、坎帕拉還有其他地方開設工廠的工業創業家開始往來。不管《經濟學人》怎麼說，我在現場（我喜歡眼見為憑）親身目睹的景象，是大家都在非洲投資。

我想要跨足製造業，但是要製造什麼呢？我考慮過做洋芋片。我父母剛搬去英國時，母親在萊斯特的沃克斯（Walkers）洋芋片工廠上班，她在沃克斯的經歷是我們家的傳奇故事。她一度和領班反應薪資過低，領班威脅她要扣減上班時數和薪資，她便反駁說：「我可沒看你這樣欺負小組裡的男生！」當領班笑她時，她又回嘴：「寶貝，跟錢有關的事一點都不好笑！」我母親很有幽默感，但她也很有骨氣和正義感，就是這樣的精神帶我們撐過許多難關。

我對前洋芋片工廠工人的兒子開一家洋芋片工廠這個點子很有興趣，其中的對稱性非常有意思。再者，東非有很多馬鈴薯，而又有誰不愛吃洋芋片？

但是坎帕拉辦公室的一名員工有另外一個主意。「做包裝怎麼樣？我們的箱子都是進口貨，可是品質爛透了。」他說的沒錯，我以前在坎帕拉的店裡給電腦裝箱時就有親身體驗，那些進口的箱子很貴，但還是常常解體！

就這樣，我把電源供應器和筆記型電腦的策略應用在包裝業，我直接找上紙箱製造商。二〇〇〇年，我去印度孟買參觀一家做紙箱的工廠，找出他們用哪家的機器做紙箱；幾個月之後，我從ＡＣＭＥ機械公司用八萬美元進口一台手動的雙層瓦楞紙箱製造機，又從印度那家紙箱工廠挖角兩位員工到杜拜操作機器，兩人一口答應。這是另一個趨勢首度給我的信號。

你們常聽到非洲貧窮的問題，但是從我的角度來看，真正的貧窮——那種衣衫襤褸、倒臥路邊等級的貧窮——是中國和印度比非洲更嚴重，那邊有更多人口在更狹小的空間裡生活，競爭更激烈。這就是為什麼很多有抱負的中國人和印度人，一有機會到非洲開創新生活，便二話不說馬上答應。我們有機會也有空間，而且不管你相不相信，我們的社會也比較自由開放。

回到烏干達後，我在坎帕拉郊區租了一個工廠，然後在東非找到紙板供應商。我把公司取名為萊利（Riley），這個名字源自英國有名的撞球檯製造商（我當時很迷斯諾克撞球）。公司開張的過程不太順利，我第一張大訂單是非洲第一大包裝食品供應商聯合利華（Unilever）的急件，但訂單進來的時候，一個機器操作員剛好去休假，而另一個突然請病假。我只有一天的時間完成這張龐大的訂單，若能準時交件，萊利公司就可以闖出名號，但是沒人可以操作機器！我只好半夜一個人坐在工廠那台機器上，花三個小時把說明書從頭到尾讀透，直到我學會如何操作。我熬夜到天亮，親手把紙箱做完，準時送到聯合利華。

那年是二〇〇一年，我只有十九歲。

快轉十年後，萊利多迪亞（Riley-Dodhia）（我們和一家肯亞公司合併後的新名字）

是東非和中非最大規模的紙箱製造商，以電腦化的機器製作五層瓦楞紙箱，廠區比麥迪遜廣場花園還大。我們的紙箱銷售到蘇丹、肯亞、烏干達、坦尚尼亞、盧安達、蒲隆地（Burundi）和剛果。

二〇〇三年，我們發現另一個多角化經營的好機會。

此時我的兩家公司（萊利和萊普）已經上了軌道，我父母終於有足夠的錢在坎帕拉買房子。二〇〇四年，我們從在奇斯曼提租的公寓，搬到市郊那谷露（Naguru）山丘上一棟俯瞰市區的漂亮房子；我們真的名副其實地往上爬了！但是在坎帕拉買房子的過程中，我們碰上了一件很奇怪的事。如果你看到喜歡的房子或建地在出售，下訂金的時候你會發現，前面還有三百五十個人在排隊。這讓我覺得很不可思議，看來坎帕拉有上百人有錢買大房子，房市卻沒那麼多現貨，於是大家都在搶同樣的房子。

就像十年前我和賽剛在杜拜那段對話時的反應，我突然冒出一個點子——房地產！

於是我們踏入房地產開發業，設立了非洲肯辛頓有限公司（Kensington Africa），在坎培拉郊區蓋了一百四十九間高級住宅：現代化的設計、有社區大門、磚砌走道，街名則是根據倫敦有名的地標取名，像是梅菲爾（Mayfair）、皮卡第里（Piccadilly）、攝政街（Regent Street）；社區裡有游泳池、托嬰中心、專人修剪的花園，還有一家便利商店（那時烏干達已經沒有飢荒了）。第一批的買主之中，有一位是英國曼徹斯特聯合隊的足球明星里歐・弗迪南（Rio Ferdinand），他後來成了我們的廣告代言人，我們在市區各處掛著他的照片來宣傳房產；我對形象包裝很有一套。

父親一直是我做生意的榜樣，但是我的肯亞表哥奈利士・賈桑尼（Nilesh Jasani）對我的啟發也不小。我在肯亞奈洛比的聖瑪莉學校念書時，我父母還在盧安達，所以我住在表哥家裡。表哥開了一家叫做泰晤士電器（Thames Electricals）的工業電器用品批發公司，我在奈洛比的那幾個月總是跟著他，看著表哥對工作有多熱誠和認真。他總是一早就起床，穿著整齊，公平待人；我去他辦公室找他的時候，他總會給我一些小差事，為我設定目標，並以報酬來鼓勵我。他就像我的大哥，我在創業初期常常不自覺地想著：「表哥會怎麼做？」

如今漸漸的，幾乎是在不知不覺中，其他的轉變開始成型。

我發現我不再那麼擔心杜拜出的貨是否送至該去的地方，而是認定貨該送到哪裡、就會送到哪裡。我在非洲出差時，曾經狀況很混亂的某些機場，現在那裡的海關人員比較會展露笑顏，也開始照規定辦事；搭飛機曾經是一件難熬的事，現在不只方便也舒服多了。至於坎帕拉，來訪的朋友們都注意到這裡有一種新的氣息和自信心——路上不再有坑坑疤疤的洞，看不到滿地垃圾，坎帕拉的七個山坡也再度充滿綠意。我在其他非洲城市，像是奈洛比、達累斯薩拉姆、盧薩卡，甚至是拉哥斯，也看到相同的轉變。

到這時為止，我生命中發生了幾件很關鍵的事情。

我在二〇〇〇年改了名。其實話不能這麼說，是巴普改了我的名字。那年五月，一個親戚在金佳（Jinja）為巴普舉辦了一場誦經會，這是為期九天的宗教儀式。金佳位於坎帕拉的東邊，是一個很有綠意的湖邊小鎮，也是尼羅河的發源地。

我的名字蒲拉提並沒有含意，我想改名很多年了，大概沒有比金佳更漂亮的地方來完成這個願望。在誦經會的第九天，也是最後一天，我的阿姨帶我去見巴普，告訴他我的請求。我只是一個瘦巴巴的十八歲小伙子，我以為他會笑我或不理會我，不過當然他並沒有這樣做。他知道我是家裡的老么，上面有兩個姐姐；他說這樣的安排是上天的庇佑，因此幫我取名為艾希什，是梵語裡「庇佑」的意思。我立即改了名，再也沒用過我的舊名字。

二〇〇四年，換我幫巴普舉辦一場誦經會，地點在峇里島，包括我們整個大家族共有數百人從世界各地前來參加。舉辦誦經會是成年的象徵，但我舉辦的時機也十分有紀念性。二〇〇四年四月，我們逃過盧安達大屠殺整整十年；十年內很多事情變了，我們家現在過著不一樣的生活。

然後在二〇〇七年，我在中國出差時做了一件瘋狂的事。我在新聞上看到理查・布蘭森爵士（Sir Richard Branson）旗下的維珍銀河（Virgin Galactic）公司，要建造一個可以載客去太空的火箭。有誰不想去太空旅行？價格很貴，我實在出不了手，但是我父母大方地買了一張票給我當禮物。我在網路上填了申請書，結果接到一通布蘭森爵士辦公室打來的電話，他們給了我一個「非洲首創太空人」的職位，太空之旅預定在二〇一六年出發。

話題拉回地球上，二〇〇八年我第一次了解到非洲的轉變有多驚人。那年我們把所有家族企業的品牌重新包裝，改名為馬拉集團，這是我父母、亞瑚蒂、羅娜和我一起想出來的名字。馬拉在東非方言裡的意思是獅子，也是我母親在坦尚尼亞家鄉的區名。理所當然，獅子成了我們的商標：流線型、現代化的設計，象徵我們所處的新非洲。不久之後，我們的生意將加上科技營運、客服中心、玻璃工廠、銀行、房地產經營，還有社會企業——馬拉基金會，專注在鼓勵和啟發年輕的創業家。羅娜當基金會的老闆是再適當不過了。

二〇〇八年表面上看來並不是成立集團的好時機，當時全球正面臨金融風暴和經濟大衰退，很多國家至今沒有完全恢復過來。但這其實也告訴了我們一件事：非洲現在不同了，而且是正面的不同。以前非洲和西方世界的經濟息息相關，他們打個噴嚏，我們就會感冒；非洲依賴西方的救助和資金，沒有能力掌控自己的經濟發展。這就是為什麼在一九九〇年代冷戰結束之時，並沒有為非洲帶來和平和繁榮。蘇聯瓦解了，於是西方政府和投資人轉向剛剛解放的東歐新市場，冷落了非洲，我們的經濟因此大受影響。

但是二〇〇八年跟以前不一樣，那年發生了一件很不尋常的事，一直到今天都還在繼續發生：住在國外、受過教育、有才華的年輕人，還有那些在早在二〇〇八年以前逃離非洲的流亡人士，發現他們在美國、英國還有歐洲的生活不如以往。生意不好、銀行不願意借錢、失業率高居不下，西方的經濟陷入蕭條。這些流亡在外的非洲人開始回頭看，在自己或是他們父母出身之處看到了機會，成千上萬離鄉背井的非裔子民因此陸陸續續回到非洲。

他們現在看到的非洲，和多年前離家時很不一樣。當西方國家在一九九〇年代忽視非洲、去亞洲和東歐投資的同時，中國這個新興勢力開始到非洲投資。你也許有聽說過，非洲到處都是中國人，而這是經過精心策劃的；目前大約有一百萬中國人住在非洲工作，政治分析家稱之為新型的殖民手段。我會在後面的章節討論中國對非洲的政策，我的想法可能會讓你大吃一驚。

時至二〇一三年，我們可以說非洲已經改變很多了。《經濟學人》在發表〈沒有希望的大洲〉僅僅十三年之後，於二〇一三年刊登封面故事〈非洲的崛起〉。現在所有人都在談論非洲的復興，西方公司這時也了解到他們大大地落後中國、印度和其他已在非洲投資的國家，開始趕上腳步。

我們可以從統計數據上來看這個變化。

- 過去十年非洲的經濟成長率五．五%左右，預估二〇一四年成長率會達到六%。
- 全世界經濟成長最快的國家，有六個位在非洲。
- 二〇一三年非洲各國生產毛額總計美金兩兆元；二〇〇〇年時，只有五千八百七十億元。
- 實際收入十年內增加了三〇%。
- 中產階級在三十年內增為三倍，現在有三億五千萬人，相當於非洲人口的三分之一。
- 二〇一四年有四十萬家新公司註冊成立。
- 一九九〇年非洲五十三個國家之中，只有三個是民主國家；今天五十四個國家中，有二十五個國家或多或少實行民主政治。（南蘇丹〔South Sudan〕是非洲最新的國家，於二〇一一年成立。）

- 瘧疾死亡人數比二〇〇〇年少了五四％；愛滋病感染人數從二〇〇一年到現在降低了三四％。
- 到二〇四〇年的時候，非洲的勞動人口將會超過中國。

接下來的幾章我會講解推動這些變化的原因，像是傑出的國家領導人、重生的非洲創業精神、流亡在外的人才回流，還有渴望成功、思想創新的年輕人——非洲具有全世界最廣大的年輕人口。

不過，我要從我認為是最重要的因素說起。以非洲之大、其歷史之動盪，歷經殖民統治、戰爭、飢荒、疾病、獨裁者、貪汙和被浪費掉的數千億救災金，我萬萬沒有想到對非洲影響最大的，或許竟是一個小到可以放在口袋裡的東西。

它叫做手機。手機改變了非洲的遊戲規則。

第 2 篇

雄獅覺醒

4 大躍進首部曲：行動通訊革命

肯亞，奈洛比市，二〇一四年六月

我搭乘的肯亞航空全新流線型波音七八七夢想飛機，在奈洛比的喬莫・肯雅塔國際機降落。飛機輪子剛落地，所有人馬上打開手機，我也不例外。其實我有兩支手機，一支是黑莓機，另一支是iPhone。幾秒鐘之內我已經開啟漫遊功能，回覆大量湧進的郵件和簡訊。我打電話約同事在市中心一家旅館頂樓餐廳碰面的時候，手機的收訊非常清楚。

等我們通關後（這裡的海關員面帶笑容，通關手續簡便），那些沒有手機的旅客已經去航站出口附近的電信公司櫃檯排隊，向Safaricom、Airtel或Orange購買新的SIM

卡和預付卡，還可以加值銀行帳戶——最後這個動作不需要實際跟銀行或自動櫃員機往來，用戶只需在M-PESA上儲值就行了，這是肯亞於二〇〇七年領先研發出顛覆市場的行動錢包系統。

M-PESA的M是行動的意思，PESA則是斯瓦希里語（Swahili）錢的意思。它是金融卡和行動錢包雙效合一的系統，讓肯亞人可以在一指之間用手機支付各式各樣的費用，包括搭計程車、買咖啡，甚至是付房租和學費。從總統到鄉下馬賽族的牧羊人，一千八百萬肯亞人都用M-PESA。二〇一四年在M-PESA上的交易總計有兩百六十億美元。

肯亞正帶領著世界走向無現金的社會。

航站內一眼望去，唯一沒在看手機的是一群剛剛抵達、興高采烈要去叢林探險的德國人。他們穿戴卡其色的獵裝與健行帽，去的是有異國風味的浪漫非洲，那裡有一望無際的草原、成群漫遊的野生動物；他們會用叢林狩獵帳篷紮營，一定會玩得很盡興。然而我了解這當中的諷刺：先進國家的旅客踏進泛著復古色澤的舊時代非洲，而當地的肯亞人和來做生意的商人卻身穿名牌西裝、時髦的牛仔褲和棒球帽，蜂湧進入數據時代。

手機已經大大地改變非洲。德國的《明鏡周刊》（Der Spiegel）在二〇一三年刊載的一篇文章〈熱帶草原矽谷〉中，指出非洲自從殖民地獨立至今，手機和網路造成的影響遠超過其他開發。這個說法一點也不誇張。

科技爆炸性地普及化當然是全球性的發展，但是它對非洲的影響幾乎是大到先進國家無法想像的地步。手機帶領著非洲的科技進步，用戶的統計數據令人震驚。根據二〇一四年下撒哈非洲愛立信（Ericsson）的行動趨勢報告，估計截至二〇一四年底，在非洲十億總人口當中，下撒哈拉區域有六億三千五百萬的手機用戶；預計到二〇一九年，用戶將成長為九億三千萬。這個數字堪與世界上最熱門的兩個手機市場相比：中國大陸的十二億兩千萬用戶，以及印度的八億七千萬用戶，更別提非洲的用戶數比全歐洲或是北美洲都多很多了。

當然，用戶數並不代表實際上在非洲擁有手機的人數，許多人跟我一樣擁有超過一支手機或門號。或許收訊的範圍是比較客觀的指標，目前手機在下撒哈拉區域百分之七十的地方可以收到訊號，[1]對一個水電供應不足，有線電話到幾年前仍是一般人負擔不起的奢侈品的大洲來說，這實在是太驚人了。一九九四年時，光是紐約市的有線電話數量，就和全非洲一樣多了。

這樣劇烈的轉變，是如何發生的呢？

當非洲以外的世界漸漸醒覺到「非洲並非奄奄一息」的事實，他們終於開始問這個問題，也開始報導這個話題。來訪的政治家、贊助商、投資人以及記者，在許多可自稱是非洲矽谷的城市，像是奈洛比、阿克拉（Accra）、拉哥斯、吉佳利和開普敦（Cape Town），踩破了門檻要拜見那裡的企業育成家和科技創新者。科技在非洲的應用和在美國大為不同，但是創新驚人的程度並不亞於美國，其中奈洛比已經在東非取得領先地位，發展出一個名為「草原矽谷」、集中資金和技術的科學園地。

不過，讓我們暫且回顧一下。

當我目睹非洲跳過有線電話這個發展階段，直接躍入行動通訊和網路時代時，我回想起我在一九九七年買第一支手機的時候。那是諾基亞一六一〇，有根又粗又大的天線，SIM卡跟骨牌一樣大；它雖然不像麥克·道格拉斯在電影「華爾街」（Wall Street）用的那支外型像磚塊、有長長天線的古董手機，但也好不到哪裡去。我是在杜拜購買手機，但常常帶去非洲出差，可是幾乎派不上用場。問題首先在於基地台很少，手機根本收不到訊號；其次，接一通電話就很貴，更別提打出去。再說，那時候根本沒有國際漫遊，而等到二〇〇〇年有漫遊時，價錢比從飛機上打衛星電話還貴。我帶著手機多半是為了裝模作樣，大家認為有手機的人一定是重要人物。

直到二〇〇七年，我才開始注意到一些奇妙的現象：手機到處都是，不管年齡、性別或收入高低，大家都人手一機。手機已經成為生活的一部分，它是做生意的工具、是銀行、是從醫療諮詢到探問農耕秘方的資料來源，這個革命性轉變的步調越來越快。這一切都是由幾家具前瞻性的科技公司在十年前開始打下基礎，他們有如非洲數據時代的拓荒者。

這些公司起源於一九九四年的南非，那是一個很適合的時機，當時曼德拉贏得總統大選剛上任，解放風潮終於來到最後一個非洲國家。當這個種族分歧國家的管制和法規慢慢放鬆，經濟上的開放也隨之而來。一九九四年，南非第一家電信公司ＭＴＮ（Mobile Technology Network）註冊成立，並拿到第一張下撒哈拉的無線電話執照。

ＭＴＮ一開始的目標非常保守，其他很快跟進的幾家電信公司也是。「當時沒幾個人想像得到，有一天手機的使用會擴展到社會上層菁英之外。」鄉村電信（Village Telco）的創辦人兼網路新創資源中心（Network Startup Resource Center）的研究員史蒂芬・宋（Stephen Song）這麼說。「當時大家認為非洲人不用電話，再者非洲各國政府不想放棄對人民通訊方式的控制。更別提有哪家電信公司，願意冒險在危險的荒郊野外投資鋪設必要的基礎系統建設？」

這些想法都錯得和某位美國南北戰爭時的聯邦將軍一樣離譜。在審視前線後，那位將軍不屑地說：「距離這麼遠，那些南軍連隻大象都打不中。」這是他被狙擊而喪命前的最後一句話。

行動電話的成果遠超過當時的目標，千萬別小看非洲百姓的志氣。

六年內，ＭＴＮ已經擴展到史瓦濟蘭（Swaziland）、盧安達、烏干達和喀麥隆

（Cameroon），也在二〇〇一年拿到非洲人口最多的國家奈及利亞（一億七千萬人）拍賣的四張ＧＳＭ執照之一。奈及利亞獨裁者阿巴查已經在一九九九年被民選的奧巴山約（Olusegun Obasanjo）取代，結束了數十年的軍事統治，但南非人還是認為擴張到奈及利亞有很大的風險；當ＭＴＮ宣布要投下兩億八千五百萬前進該國時，他們的股票在南非股市大跌。但是股東們都錯了。截至二〇一一年，ＭＴＮ在奈及利亞已有四千萬用戶，之後連年成長。的確，在電信部長奧莫波拉．約翰遜（Omobola Johnson）的領導之下，奈及利亞已經發展成繁榮的科技中心。

辛巴威出生的ＭＴＮ總裁思費索．達本古瓦（Sifiso Dabengwa），在他的書《在非洲做生意：從企業角度觀察》（*Business in Africa: Corporate Insights*）中說：「根據ＭＴＮ在一九九〇年代早期擬定的第一個企業計畫，我們估計到二〇一〇為止將會有三十五萬用戶。結果我們在二〇一〇年時，已經橫跨二十二個國家、有一億兩千九百萬用戶！到二〇一三年中時，用戶增加到超過一億九千五百萬。[2] 今天我們有超過兩億的用戶，是非洲最大的電信公司，世界排名也位居頂尖。」

手機能有如此驚人的成長，並不只是因為國營市話多年以來發展不善而造成的電信服務不足。它是來自於一項前所未有的新技術，叫做「預付卡」。非洲的手機收費方式原本和美國一樣，用戶要簽約繳月費。但是一九九〇年代後期開始，MTN先在南非推出了預付卡，後來也在烏干達上市。這是一張類似彩券的刮刮卡，上面有一個密碼，使用者可以用這個密碼每次買一點點通話時間，每次不超過一美元。

史蒂芬．宋表示：「它帶來的效應就像是羅馬帝國瓦解。這個新技術讓用戶可以每次只付小額費用，買不超過一美元的通話時間；突然之間，這代表窮人也用得起手機了。」

隨著預付卡而來的，是「接電話不用付費」的新規則，這也是一個完全打破格局的創舉。想像住在喀麥隆偏遠村落的祖母，因為有了這些新技術，她可以打電話給在城市裡工作的兒女，孩子們也可以安排寄食物、錢還有藥品回家。在沒有手機之前，他們得花幾天甚至一個星期坐公車，行遍千萬哩路才能回家和奶奶說句話。隨著手機的普及，他們再也不必這麼麻煩，祖母只要確定手機有充電就行。

美國並沒有打電話者付費這回事，大型電信公司從市話時代設下的規矩沿用至今，打電話和接電話都要付錢。非洲不是這樣，這裡市話不普及，也沒有多少電信法規，手機公司因此可以別出心裁，自訂遊戲規則。在非洲辦一支新手機非常簡單，你若有機會去非洲，試著在機場任何一家手機公司的櫃檯辦一支出租手機，五分鐘不到就可以辦完手續，和在星巴客買杯拿鐵一樣方便。

相同的，這對中小企業還有創業家也帶來十分顯著的影響。史蒂芬·宋回憶在二〇〇一年，他開始在約翰尼斯堡的電話亭或是交通標誌上，看到一張張手寫的廣告牌：「砌磚工約翰，請打……」、「家庭幫傭伊芙，請打……」，這樣的廣告遍佈非洲。農夫不再需要搭車去市場看價錢，可以在農場上工作的時間變長了；在外出診的醫生不再需要回辦公室聽留言。對先進國家來說，加入勞動市場是理所當然的事；隨著手機的到來，上百萬的非洲人現在也可以加入勞動的行列。

MTN並不是唯一的手機公司。非洲電信業中一位重要的大老是蘇丹出生的英國企業家莫·伊布拉欣（Mo Ibrahim）。這位長輩是努比亞棉花商人之子，為人慈祥和藹、有魅力、服儀一絲不苟，還帶點學術味（愛因斯坦是他的偶像），我叫他莫叔。他在一九八九年在英國成立科技顧問公司（Mobile Systems International）以前是英國電信的工程師，然後在一九九八年前進非洲無線通訊市場，設立了Celtel電信公司。

伊布拉欣和我父親一樣，說他在英國時從來不覺得自己是徹頭徹尾的歐洲人。「非洲一直是我的一部分，每次聽到西方對非洲指指點點、有所誤解，我都會很氣餒。」在《哈佛商業評論》（*Harvard Business Review*）裡他提起一段故事：他問一個客戶的總裁為什麼寧可放棄大好機會，不願意投資烏干達，對方說因為股東不會同意在伊迪・阿敏統治的國家做生意——可是那年是一九九八年，離阿敏下台已經將近二十年了！[3]

即使非洲的GSM執照很便宜（世界其他人口數少於非洲的地區，電信執照都要價數十億元），還有上百萬的潛在客戶，伊布拉欣還是沒有辦法說服歐洲電信集團到非洲投資。於是他募集了一些投資人，自己在非洲設立電信公司。

他們無前例可循，只能憑感覺做事，沒想到市場需求量大得驚人。在加彭（Gabon），顧客人數多到把辦公室的門都擠壞了。

Celtel拓點的部份國家仍有待開發，像是獅子山共和國、剛果（前名為薩伊〔Zaire〕），國情不穩、飽受戰火肆虐。剛果的道路糟到幾乎等於是沒有。「我們得用直升機把基地台或是重機械搬上山丘或郊外，我們也得想辦法傳送電力到那些地方……得自己供水供電。」[4]

在獅子山共和國，曾有一次叛軍佔領了首都，Celtel得疏散所有員工。手機的基地台倒是毫髮無傷，因為打仗的兩邊都需要通訊。

非洲行動電話革命延伸出來的一個現象，是非洲公司如今往往是邊際市場的先鋒。MTN因為當年在非洲艱苦的環境下經營的經驗，今天他們已經擴張至阿富汗、伊朗，還有戰火綿延的敘利亞。這也是中國在非洲十分成功的原因之一：他們不但有遠見，往世界其他國家遠遠避開的市場發展，也比較能適應艱苦的環境。

二〇〇五年時，Celtel已經擴張到非洲十三個國家，有兩千四百萬用戶和五千名員工。二〇〇五年，伊布拉欣以美金三十四億的漂亮價格，把Celtel賣給科威特的MTC集團。[5] 這家公司現在叫做Airtel，由印度的巴帝電信（Bharti Airtel）持有，市價是當年的好幾倍。

早期的行動電話公司利潤十分豐厚，他們在市場還沒有什麼競爭，在地盤還未劃分的時候冒險進入非洲市場，因此報酬優渥。但是隨著非洲人漸漸適應、進一步開發現有的科技，接著而來的創新比行動電話本身更令人振奮。

奈洛比一直是這股科技創新浪潮的中心，起初的亮眼表現正是M-PESA。二〇〇七年，英國電信集團沃達豐（Vodafone）的子公司Safaricom在肯亞推出M-PESA，它驚人的成果是各地流傳的佳話：聯合國高峰會上大家在討論它，世界銀行會議談的也是它，富豪巨商在達沃斯（Davos）的聚會也不免要談提到M-PESA。它的發展被拍成紀錄片、做為學術研究標的，科技專家和商業記者也專程飛到奈洛比去親身體驗。肯亞當地甚至有許多謠言和揣測到底是誰發明這項技術，情況就像當初有許多人猜測蘋果的觸控螢幕（touch screen）技術究竟從何而來。

長話短說，故事來自於二〇〇〇年代中期，肯亞最大的行動電話公司Safaricom正在研究如何讓那些沒有辦法開銀行戶頭的窮人和鄉下居民用手機存款和轉帳。在英國國際發展部（Department for International Development）的贊助下，Safaricom花了十八個月的時間研發M－PESA訊號技術，然後在二〇〇七年以一個全國行銷活動推出。

M－PESA的用法很簡單：用戶可以在買SIM卡和加值的電信公司櫃檯同時開通M－PESA帳戶（肯亞全國已有好幾千個櫃檯，櫃位從巴士總站、沙灘上的小亭子到鄉下賣酒的小店都有），每個顧客有一個密碼，存款到帳戶裡後，就可以用密碼購買電信服務，或是轉帳給其他有手機的人（收款的人並不需要有M－PESA帳號）。Safaricom會根據通話時間還有簡訊使用收費，以及在用戶轉帳時抽取手續費，作法就跟實體銀行一樣。

M－PESA大大地改變了肯亞的經濟和文化。每天有一千八百萬活躍用戶送出一百六十萬筆交易，每日交易額平均高達五千零八十萬美金。交易量是肯亞所有金融交易的三〇％，有人說是多達全球行動交易的五〇％。[6]在M－PESA帶動行動支付之後，其他各式各樣的行動支付系統也陸續在非洲其他國家還有世界各地出現。突然間，沒有銀行帳戶的非洲人（也就是大部分的非洲人），開始有了金融服務。

那麼，M-PESA到底要怎麼使用？

肯亞各地的超級市場、小攤子、酒吧、咖啡店或商店，每家店面都有一個清楚標示的M-PESA號碼。想在連鎖咖啡店Java House買一杯拿鐵嗎？在手機上輸入櫃檯後方標示的M-PESA號碼、拿鐵的價格，按下購買並送出，櫃檯服務人員的手機馬上會「叮」一聲，收到付款通知的簡訊。就這樣，你可以享用拿鐵了。

學費、薪資、水電費和銀行轉帳，全都可以透過M-PESA進行。對肯亞人來說，用手機付費很自然，他們很少去確認款項究竟有沒有送到，只要聽到「叮」的一聲就認定交易完成。有了M-PESA，比較少人需要帶現金在身上，肯亞因此變得比較安全。在M-PESA出現以前，一般人必須拜託巴士司機或是貨幣交易商幫他們把現金運過大半個國家，帶給郊區的親戚或是員工；他們現在不再需要冒這種風險了。

使用M-PESA的不只是窮人。叢林探險導遊公司路易斯—利克（Lowis & Leakey）的老闆尼尼安．路易斯（Ninian Lowis），說了一個帶客戶到偏遠鄉間部落的故事：部落的酋長拿出一個很精緻的木頭雕像，路易斯的顧客想買，但是他們人在離營帳好幾哩的叢林，身上沒有現金。此時酋長聳聳肩，從袍子下拿出手機，似乎是表示：「現在誰還用現金？」然後路易斯用M-PESA付帳，簡單了事。

沃達豐此時已在阿富汗、坦尚尼亞和其他地方推出行動支付服務，其他電信公司也幾乎都有各自的版本。MTN在烏干達提供有漫遊功能的行動支付服務，一個在開普敦出差的烏干達商人不需要換手機、SIM卡或貨幣，就可以馬上把錢轉給在坎帕拉家裡的太太。想到這，我不禁無法置信地搖搖頭。我記得當年我住在非洲各地的旅館時，不僅房間裡沒有電話，連櫃檯的電話往往都是壞了好幾個星期沒修！

Safaricom很會利用行銷手段包裝M-PESA在全球市場宣傳。它的網站（www.Safaricom.co.ke）設計感一流又美觀，在麥克・喬瑟夫（Michael Joseph）、尼克・休斯（Nick Hughes）和蘇西・洛尼（Susie Lonie）等人的領導下，Safaricom的偉大願景和科技創新也是廣受肯定。

不過，行動支付有一段少為人知的趣史：在Safaricom注意到之前，電信業界以外的許多研究學者便發現在行動貨幣這樣的概念背後，存在著獨一無二的非洲特質。

蓋默思研究公司（Gamos）的賽門．白袞勒博士（Dr. Simon Batchelor）在二〇一二年發表的重要研究〈改變非洲金融面貌：一個不尋常的故事〉（Changing the Financial Landscape of Africa: An Unusual Story）中指出，二〇〇〇年代早期、行動電話剛在非洲出現時，他的團隊在非洲六個國家進行研究，發現了一個特殊的現象。當市場上推出預付卡時，全非洲的人立即開始把通話時數當成虛擬貨幣使用。

他們會在首都買預付卡，然後把密碼傳給在鄉下的親戚，親戚們可以在自己的電話上輸入密碼、使用時數，或是轉賣密碼給朋友或店家。在沒有外在文化影響下，他們自動將時數作為貨幣來使用，這表示非洲人對金融服務的迫切需要，尤其是特別需要國內轉帳的服務。

白袞勒博士於是和一些機構接洽討論他的研究報告，先是網路新創資源中心的研究員史蒂芬．宋，接著是加拿大的國際發展研究中心（International Development Research

Centre）、英國國際發展部的大衛・屋諾（David Woolnough）、世界銀行組織等等。英國國際發展部後來贊助沃達豐研發M-PESA，世界銀行和還有英國財務部則為監管機關提供諮詢服務，他們正為這個新概念傷透腦筋。所以當今行動貨幣的使用，是由電信產業外的人先觀察到非洲人已經非正式地使用行動貨幣，因而幫助推動今天的行動支付技術。

我之喜歡M-PESA有兩個原因：它是非洲的產品，而且它代表的是非洲轉型成功的故事，Safaricom理所當然地應該要向全世界炫耀它的成就。

我目前正在讀比爾與美琳達・蓋茲基金會（Bill & Melinda Gates Foundation）的二〇一五年年報，其中他們將行動支付標榜為未來十五年改善窮人生活最重要的創新。當比爾・蓋茲讚賞一項不是由他發明但可以改變人類生活的科技時，可以想見這項技術有多成功。

然而，即使行動貨幣是如此美妙，因為是由電信公司主導，這項技術仍有其極限。從我的觀點來看，金融機構帶頭的「行動銀行」才是未來的趨勢。行動銀行是我和包柏・戴蒙（Bob Diamond）的亞特拉斯商人基金（Atlas Merchant Capital），在二〇一三年攜手成立的金融服務公司亞特拉斯馬拉（Atlas Mara）很重要的一環。我們的目標是要結合國際銀行的經驗，以及對非洲當地的知識和了解，成為非洲銀行市場一股創新的顛覆勢力。這也是我們許多精明投資人的期待，例如古根漢（Guggenheim）的史考特・米納德（Scott Minerd），還有威靈頓（Wellington）的尼克・亞當斯（Nick Adams）。

想像一個計程車司機用手機存款賺取利息，或是電工在手機上根據他的信用等級（這在手機上也看得到）申請銀行貸款，這就是行動銀行。若要打入非洲這個上千萬人沒有銀行戶頭的大市場，我們這樣的金融機構必須要大膽無畏，為非洲轉型緩慢的銀行業設下新的指標。這也是公共政策的核心概念。

在我繼續講述非洲其他的發明之前，值得一提的是當我提到非洲手機普及時，指的並不是智慧手機。非洲人用M-PESA和其他科技時，他們並不是用iPhone 6或是最新的三星Galaxy下載APP。就像古巴人仍在開一九五六年的別克汽車，絕大多數非洲人用的是普通的GSM手機，由摩托羅拉或諾基亞製造，尺寸是口袋大小（就像我在一九九七年買的手機），用來傳送和接收簡訊。

這些舊型的手機在其他國家不值錢，但是大部分非洲人到今天以前只負擔得起舊手機。非洲的軟體工程師為了讓這些舊手機可以有新功能，於是發明新方法讓這些手機可以像智慧手機一樣收發電子郵件。需要為發明之母，非洲人最會發明。就像《明鏡周刊》說的：「非洲的軟體工程師想辦法在基本的手機上開發出新功能，例如有個特殊的軟體可以將簡訊轉換成電子郵件，一般人可以送簡訊去政府機構、大學，或是銀行，然後資訊便能像電子郵件一樣繼續在網路上傳遞。」

智慧手機在非洲的地位已經迅速擴展，變得越來越重要，即將成為電信公司下一波的商機。這也會是非洲躍進式發展的下一步：非洲的年輕人將會跳過筆記型還有桌上型電腦，直接進入智慧手機時代，也就是西方國家現在所處的階段。現在六十美元就可以買得到智慧手機，而且許多手機公司搶著要幫非洲市場開發智慧手機：微軟和諾基亞合作的Lumia Windows、中國華威一百元以下的Ideos X1 Android、三星的Galaxy Pocket，全都是針對非洲的市場設計。非洲現在已經超越中國，成為世界成長最快速的手機市場。

三星計畫要在二〇一五年於非洲達到一百億的銷售額，同時南非和奈及利亞的科技公司也準備推出非洲本土製的自有品牌智慧手機。

當這些懂科技的非洲年輕人可以和西方年輕人用同樣的工具即時上網時，這將會是另一個重大轉變。年輕的非洲人很快就可以即時、輕易地獲取資訊，我在第六章「我們雄心壯志又年輕」裡會探討這對教育上的衝擊。

5 大躍進二部曲：把非洲帶進矽谷

行動電話和科技創新不僅改變了非洲的銀行和金融服務，也對其他無數的生活層面有巨大影響：涉及農業、藥品、醫療、教育、交通、媒體和娛樂，甚至被用來於抵抗政治強權的暴力。

在奈洛比，你不需要走遠就可以看到創新。

基貝拉（Kibera）位於奈洛比市中心的邊緣，是世界上人口最多的貧民窟之一。上百萬人口擠在一平方英哩大的地方，住在泥土路上密集的鐵皮屋裡；政府視他們如遊民，他們沒有什麼基本權利。那裡沒有水、沒有電、衛生環境很糟，下雨時雨水會把下水道的髒汙沖到大街上，看他們這樣生活很令人痛心。但是讓人很訝異的是，不到一英哩外，就可以看到從購物中心改建而來的四層樓建築「iHub」，這是專門提供給肯亞蓬勃科技業的創新、駭客、育成中心。從非洲的角度來看，iHub是科技的中樞，相當於谷歌（Google）在加州的園區，科技發明家、投資人、創業家、設計家、研究員、軟體工程師都到這裡找點子和募集資金。值得注意的是，許多來iHub的才華人士，是來自像基貝拉這樣的地方，常常可以看到年輕男女在工作一整天後回到貧民窟過夜。

iHub在二〇一二年由eBay創立人皮耶．歐米迪亞（Pierre Omidyar）的歐米迪亞網路公司（Omidyar Network）資助成立，位於進入奈洛比的要道恩貢街（Ngong）上。看過電影《遠離非洲》（Out of Africa）或是讀過凱倫．白列森（Karen Blixen）原著的人，應該對恩貢這個名字很熟悉，它的開場白是：「我在非州恩貢山腳下有一個農場。」從iHub的頂樓上可望見恩貢山起伏的山脊，但是iHub和白列森描述的殖民時期的肯亞可是相差十萬八千里。

「我想要把iHub設在大馬路上，這樣民眾來這裡比較方便。」四十歲的科技部落客、iHub的創辦人暨TED成員艾瑞克．赫茲曼（Erik Hersman）說。「沒有車的人，走路或搭公車、私家小巴就到得了。附近很多吃的，大家可以就近買東西吃。這是一個民主的環境，任何人只要在科技業工作，都可以來iHub。」

赫茲曼是個滿臉鬍鬚的壯漢，體格堪比橄欖球員，講起話來卻很溫和。他於美國奧勒岡州出生，在蘇丹和肯亞長大，雙親是美國傳教士及語言學家，就讀於肯亞知名高中大裂谷學院（Rift Valley Academy），這間高中曾於一九〇六年由美國老羅斯福總統安置基石。赫茲曼後來去佛羅里達念商業，在二〇〇〇年初期加入奧蘭多（Orlando）的一家數位公司，他就是從此時開始在部落格上寫關於非洲的科技發展。

「我自稱是『白色非洲人』（White African），嘲笑那些認識我卻不相信我是非洲人的美國人。但我沒想到我因此給自己定了型，這個稱號從此變成我的名字。」如今他的推特帳戶（@WhiteafricanTwitter）有五萬四千個粉絲。

赫茲曼在網路上也很熱門，部落格「白色非洲人」的副標是「非洲和科技在此撞擊」，另一個部落格「非洲酷玩物」（Afrigadget）則榮登《時代雜誌》二〇〇八年前五十大網站。透過寫部落格，他認識了非洲科技業界所有的重要人物，這些人脈在他決定回非洲時正好派上用場。

他在二〇〇八年一月回到肯亞，正值二〇〇七年十二月大選結果有爭議，導致肯亞各地發生恐怖的暴力種族衝突。短短兩個月之內，一千三百人死於暴力攻擊，五十萬人無家可歸，這些人大部分都是出身於基貝拉還有目前iHub所在的這一區。要不是當地的科技人士發明一個簡單的技術，死傷恐怕會更多。

騷動引爆之時，赫茲曼、肯亞律師兼部落客歐莉．歐克羅（Ory Okolloh）（@kenyapundit）、我的好友科技創業家羅迪奇（Juliana Rotich），還有他們的同事大衛．科比（David Kobi），在兩天內開發了一個利用群眾外包（Crowd Sourcing）概念的緊急事故通報工具，命名為Ushahidi，是斯瓦希里語「證言」或「證人」的意思。這個平台讓肯亞平民可以透過手機電子信箱、簡訊、推特或是網路等方式，立即舉發暴力事件或威脅；這些通報會顯示在一個互動地圖上，有手機的人都可以看到哪裡有暴力事件。大家頓時知道哪裡有危險不能去，施暴者也知道他們的動向隨時被人監看。

現在Ushahidi是一個國際性的非營利組織，總部位於iHub，在一百五十九個國家、用三十種語言提供群眾外包的緊急事故地圖。Ushahidi至今已經被運用在上千個國際活動和危機上，包括海地大地震、日本海嘯、俄羅斯森林大火、路易斯安那州漏油等事件。二〇一四年奈洛比西門購物中心（Westgate Mall）遭到恐怖份子攻擊之後，Ushahidi在地圖上標示出市區內捐血車的位置。羅迪奇曾自我解嘲：「早知道Ushahidi會變得這麼國際化，我們就會給它取一個比較好記的名字。」

很多人談論要如何把矽谷帶進非洲，但是我比較鍾情於像Ushahidi這樣的計畫——把非洲本土的創新，帶進矽谷還有世界上其他地方。

另一個顛覆市場的發明是BRCK，發音就是brick，它也是由發明Ushahidi和建立iHub的同一批團隊開發出來。在一次從美國回非洲的途中，赫茲曼從飛機上俯瞰著非洲崎嶇不平的龐大土地。他心想，大部分的網路使用者是住在亞洲、非洲、拉丁美洲這些比較艱苦的環境，但為什麼大部分的路由器和數據機，卻是根據先進國家（像是紐約或倫敦）這些舒舒服服的地方設計呢？

這批團隊於是勾劃出一個具備攜帶性、適合用在荒郊野外沒有電力或網路的地方的連線工具，結果發明了BRCK，一個堅固耐用、外形像磚塊、利用雲端科技的無線區域網路分享器。無論在世界上哪個角落，只要位於ＢＲＣＫ的訊號範圍，人人都可以隨時上網。它有天線、充電器、ＵＳＢ接頭、四ＧＢ儲存空間，還內建了國際通用的ＳＩＭ卡，以及足夠撐過停電的備用電力。ＢＲＣＫ在網路上售價美金一百九十九元，世界上已經有四十五個國家在用ＢＲＣＫ。

考慮一下ＢＲＣＫ的起源：肯亞奈洛比的設計，在德州奧斯丁製造，這簡直是跟一般製造流程完全反向操作，也是另一個非洲科技國際化的好例子。

馬拉集團也有獨家開發、風行全球的科技產品。我們的社會企業「馬拉基金會」，透過ＡＰＰ「馬拉諮詢」（Mara Mentor）提供全世界年輕創業家創業諮詢輔導。我們的模式是連結初露頭角的創業家和有經驗的輔導員，提供創業家商業建議和點子。馬拉諮詢於二〇一二年在網路上推出，行動版本則在二〇一四年推出，輔導員和學生只要透過基本的手機就能溝通。這個平台不斷地成長，現在已有五十萬個註冊使用者，大部分是在非洲。我將會在第七章「人生就是不停地推銷自己」仔細探討馬拉諮詢。

同時我們正在研發自己的網路和行動科技生態圈，透過電商、社群媒體和行動電話，將非洲各地的年輕人連結起來。現在雖然還有點早，但不久的將來我們將會推出電商公司「馬拉市集」（Mara Sokoni），提供非洲消費者國際和本土的時尚品牌，以及像是電子用品的一般商品。

在社群媒體發展上，馬拉社群媒體（Mara Social Media）是從馬拉諮詢分支出來的平台。和馬拉諮詢不同之處，在於它有一個通訊的APP「馬拉聊天」（Mara Chat）、一個專門給藍領階級僱主和員工用的社群媒體服務「馬拉工作」（Mara Job），還有一個時尚和娛樂的社群網絡「馬拉潮流」（Mara Trends）。雖然非洲的科技產業隨時在變化和創新，社群媒體在非洲的發展還是寥寥可及，我們計劃要在非洲填上這個空缺。

同時，光是在奈洛比一個城市，就有很多其他具前瞻理念的新創公司在發展科技相關的計畫。

其中一個引人注目的計畫，是將小農場和市場連結起來的手機軟體M-Farm。農夫傳簡訊到20255這個號碼註冊，就可以收到當天農作物的零售價，也能用最划算的價格購買種子和肥料，還可以和買主聯絡。這個軟體跳過了所有的中盤商，農夫的勞力付出因此可以換到更高的利潤。

iCow是跟M-Farm相似的軟體，它是另一個農畜業的行動服務和APP，由肯亞有機農夫蘇・卡哈姆布（Su Kahumbu）創立。卡哈姆布先想出了這個點子，然後iHub的赫茲曼介紹他和科技圈裡可以幫他研發的人士認識，赫茲曼稱這個合作是「人造的因緣巧合」（engineering serendipity）。

iCow要怎麼用？小農夫傳簡訊到＊285＃這個號碼註冊，輸入牛隻的年齡、品種、體重、性別和最後一次生育的日期，然後iCow會自動送出由獸醫提供的專業餵食、疾病和生育相關的建議。為了讓不識字的農夫也可以運用這項服務，iCow是用語音留言而非簡訊。

數以千計的肯亞養牛場用iCow，大大地提升了牛奶和牛肉的產量。iCow網站（icow.co.ke）的部落格刊載許多農夫使用iCow的故事。「瑞秋住在肯亞的尼亞哈盧魯（Nyahururu），她最近退休了，專心經營她的農場。她跟iCow的客服貝絲說，自從用了iCow以後，她再也不需要自己貼錢補助農場。她的牛奶產量提高了，銷售額足夠付農場上的雇員薪水，還能建新的牛圈，現在她認為畜牧是一個穩定的收入來源。」

這是科技對農畜業的影響。那教育呢？

eLimu是由兩位年輕有活力的肯亞女性尼維・穆可吉（Nivi Mukherjee）和瑪莉・吉辛吉（Marie Githinji）創立，Limu是斯瓦希里語「知識」的意思。eLimu是一個給平板電腦使用的互動平台，內容涵蓋肯亞小學教科書和教育出版商Moran發行的所有教材；簡單來說，eLimu讓圖書館和教室縮小至你的掌心之中。教材內容包括農業、保育、公民以及人權，也提供單字輔助教材的建議，對要參加考試的孩子大有幫助。非洲的孩子從欠缺受教育的機會，轉變成他們今天可以用和先進國家孩子一樣的數位教學工具，科技讓我們的教育向前躍進了一大步。

吉辛吉還創立了Akirachicks，這個計畫提供肯亞貧苦女性學習軟體工程和其他科技相關技術的機會。肯亞的人口和勞工有五〇％是女性，但是只有十五％女性從事科技相關的工作。Akirachicks（Akira是日語「聰明」的意思）的目標是解決這種兩性不平衡，此計畫每年挑選三十名以下十八到二十四歲的女性，給予她們一整年的科技訓練和輔導。大部分的參與者來自於基貝拉或是其他貧窮的地區。

iHub的三樓（BRCK的樓上）是M-Lab，這是一流的行動科技創業中心，提供企業育成（意思是「如何成為行動科技創業家」）和APP測試。APP測試實驗室是一個有未來感的玻璃空間，行動APP開發人員可以和M-Lab的科技團隊預約時間，在完備的非洲行動裝置上測試他們的新軟體。這個實驗室由谷歌、微軟、英特爾、諾基亞和三星集資設立，裡面有超過一百三十種使用各種作業系統的行動裝置，包括Bada、Android、iOS、Blackberry、Symbian、Windows或是Windows phone 8，這是非洲最大的APP測試中心。

M-Lab也每年舉辦名為「Pivot East」的行動創業大會暨競賽，讓二十五位行動創業家向業界的專家、投資人和政府機構推銷他們的創意。比賽有五個項目，每個項目有一位贏家，每人可獲得一萬美元的投資。

雖然「拯救」非洲或是解決社會問題很重要，但不是所有行動服務和科技創新都是為了這些目標。我們也喜歡玩樂，而且我們不介意賺點錢。

恩貢街上iHub北邊一哩左右，是另一個育成中心和種子基金公司88mph。辦公室位於另一個購物中心的頂樓，高挑式的開放空間就像是你在紐約的丹波區（DUMBO）或是倫敦的肖迪奇區（Shoreditch）看到的新潮新創公司。古怪的設計包括一個倫敦的紅色電話亭，可以坐在裡面工作；另一頭則是一家很酷的咖啡館Mokka City，賣濃縮咖啡、拿鐵和三明治（當然是用M-PESA付帳）。馬拉諮詢的肯亞分公司就在這裡，完全融入奈洛比前衛、有創意的科技景象。

88mph這個名字是從電影《回到未來》（Back to the Future）之中的台詞而來。*丹麥投資家克瑞廷·巴哈（Kreten Buch）於二〇一一年時，為了在非洲科技熱潮初期進入市場而設立了88mph，其營運模式是根據世界上最成功的種子基金Y Combinator（投資成功的例子包括DropBox、Airbnb、Reddit等）。負責管轄投資標的培育的尼克萊·巴恩維爾（Nikolai Barnwell）說：「我們每年都收到五百到六百件新創公司的申請。聽過他們的提案之後，我們最後只投資其中十家。」88mph和這些被選中的科技概念創造人合作，協助他們發展和行銷，然後從收入中抽成。

對巴恩維爾來說，光是參與非洲的社會問題是不夠的。「許多提出申請的新點子是解決問題導向，著眼於造福全世界。它們雖然是高尚的重要發明，非政府組織會願意投資，但是我們同時也需要做生意賺錢。」

自從88mph四年前在奈洛比開張以來（他們在拉哥斯和開普敦也有辦公室），他們已經在非洲的創新公司上投資了一百七十萬美元，旗下大約有五十家公司。

他們投資成功的案例，包括在肯亞打響名號的八卦網站Ghafla!（他們的標語是「抗無聊、談名人」），南非的逆向應收帳款借貸（Reverse invoice factoring）公司，烏干達的運動簽注公司Mbe，公車網路訂票系統Booknow.co.ke（只要在非洲搭過公車的人，就會瞭解這個服務的必要性），還有非常成功的行動信用公司MoVAS，它提供手機用戶貸款購買通話時間，在亞洲、中東和非洲都有用戶。

---

*譯注：電影中的原文為：When this baby hits 88 miles per hour, you're going to see some serious shit!

從我的角度來看，88mph投資最酷的公司是一個當地的新聞服務叫Hivisasa，是斯瓦希里語「現在」的意思。基本上這是一個免費讓當地居民自己報導新聞的網站，在那些全國性媒體不報導的地區提供新聞。使用者可透過一般手機或智慧手機的APP收到新聞，任何人都可以上傳當地的任何消息，包括淹水、謀殺案、貪汙、獅子攻擊等。Hivisasa位於88mph辦公室的編輯團隊會閱讀和編輯這些傳進來的故事，確認真實性之後在網站上發表。作者每寫一則故事，可在M-PESA上獲得一百肯亞先令，並依據故事被選中的次數獲得信用分數，越有經驗者收入會越多。

Hivasasa的好處是它讓肯亞人有機會進入新聞界和新興媒體，也讓一般無名小卒有機會揭發當地的貪汙、災難或其他大報不會報導的新聞。Hivasasa目前在肯亞的五個州運作，很快就會擴張到整個國家。Hivasasa每天收到一百則故事，有十五萬讀者且日漸成長，並從訃聞、廣告和活動消息上賺錢。以我個人的角度來說，我認為世界上所有的新聞媒體，都應該仔細看看這個地方性新聞的模式，這有可能拯救衰退中的媒體業。

到目前為止，我講的是肯亞的科技發展。其他我之前提過的科技中心，像是開普敦、吉佳利、拉哥斯和阿克拉等地，又是什麼樣子呢？他們也在創造顛覆市場的APP和行動科技產品嗎？當然如此，而且創造是隨時發生。要一一列出在這些城市裡的偉大發明會花很久的時間，而且等你讀完，可能已經有更多的發明了。盧安達的吉佳利即將要成為非洲第一個全市有4G訊號的首都，科技創新在吉佳利因此會更加快腳步。迦納的首都阿克拉有非常驚人的行動科技創新，其中有兩個例子值得一提：一個可以解決生命攸關的問題，另一個則是應用在娛樂上。

可以救人命的行動APP是mPedigree，由我的朋友布萊特・席孟斯（Bright Simons）發明，可以確認藥房買來的藥是不是真品。仿冒藥在非洲是個嚴重問題，奈及利亞估計有四五％的藥是假貨，世界貿易組織（World Trade Organization）估計每年瘧疾仿冒藥在非洲導致將近十萬個死亡案件，每年全球藥品貿易因為犯罪集團製造仿冒藥造成的損失超過七五〇億元。[1]

mPedigree提供藥品認證，當病人在藥房裡買藥，於包裝上刮出一個十位數的號碼時，把這個號碼用簡訊傳到mPedigree，幾秒鐘後就可以接到簡訊確認這藥是真是假。除了在健康醫療上明顯的好處，mPedigree也將資料傳到愛爾蘭和德國的資料中心，提供即時的非洲藥品需求資訊。這些資訊讓批發商得以避免缺貨，也讓衛生機關得到疫情和不尋常用藥行為的早期警訊。

娛樂面我要來介紹Leti Art的執行長兼創立人艾爾楊・托伊亞（Eryam Tawia），托伊亞和他的兒時玩伴衛斯理・科里尼亞（Wesley Kirinya）一起在阿克拉創辦了這個遊戲公司。托伊亞從小就很愛漫畫和電腦遊戲，激起了他對軟體的興趣，決定將他小時候畫的漫畫移植到電腦和手機上。Leti Arts的手機遊戲中有一個系列叫非洲傳說（African Legends），是根據非洲傳說發展出來的超級英雄故事，不一樣的是這些超級英雄來到了現在的世界。

「真實阿南西」（The True Ananse）是由西非傳說中的蜘蛛神阿南西（Kweku Ananse）啟發的遊戲，內容是蜘蛛神在現代的迦納打擊貪腐政客。藉由非洲藝術的視覺效果和用獨特的手法闡述非洲傳說，Leti Games創造了非洲的蝙蝠俠、超人和蜘蛛人流行文化。要是看到未來幾代的非洲小孩穿著非洲超級英雄的劇裝，在馬普托（Maputo）、拉哥斯和奈洛比的戲院外排隊，等著看最新的非洲超級英雄熱門電影，你可不要大驚小怪。

手機遊戲在非洲越來越受歡迎，「真實阿南西」已經在迦納和肯亞下載超過十萬次（下載只要一元），Leti Games也開始受到國外同行的注意。托伊亞和科里尼亞受邀到美國參加遊戲展覽會，美國業界對他們在有限資源下創造出來的成果非常訝異，有人說Leti Games讓他們回想起美國遊戲業的草創時期。

我要是不指出在所有的科技中心裡，為何奈洛比有這麼活躍的數位發展與領先非洲的創新，那就是疏忽了。這一切是靠政治、時機，以及赫茲曼說的「人造的因緣巧合」。

「科技中心的形成，需要靠幾個關鍵要素集結到位：人民要有一定的教育程度、在正確的相關學位上有人才、資金充足、基礎建設良好，以及一個大致像樣的政府。」赫茲曼解釋。

在二〇〇二年以前，肯亞這個東非經濟中心至少有兩個方面不符合上述標準。當一九九四年南非政治開放、ＭＴＮ等行動通訊公司得以開創市場時，在肯亞也發生了政治上的解放。二〇〇二年十二月，執政二十四年的總統丹尼爾・阿拉普・莫怡（Daniel Arap Moi）下台，所屬政黨肯亞非洲聯盟（KANU）也跟著在選舉裡一面倒地輸給由姆瓦伊・吉巴基（Mwai Kibaki）領導的小黨。在莫怡執政時期，政府機關甚至一度擔心電腦會導致職缺減少，因此禁止使用電腦。

在吉巴基的領導下，由熱誠的技術官僚擔任政府單位首長，包括一位曾在美國財星五百大公司「美敦力」（Medtronic）擔任財務系統分析的學者畢唐吉・恩迪摩博士（Dr. Bitange Ndemo）。恩迪摩被任命為資訊和通訊部長，他的使命是要將肯亞帶進數位時代，打造肯亞為科技和企業流程外包（客服中心）的中心，並且提倡開放性資料系統。一位肯亞的科技業者說：「恩迪摩是個有效率的官僚！」

恩迪摩在政府內推動數位化，政府外則有M-PESA、iHub、Ushahidi在民間推動科技的創新，如今政府、行動通訊公司和科技創造者開始相輔相成。赫茲曼記得他在二〇〇八年首度提出iHub這個概念時，和恩迪摩開了一次會。「我們告訴他想法和目標，他說沒問題，我也沒多想。後來在一個悶熱的晚上，大約有兩百名科技圈的人在開會，恩迪摩沒有事先告知就突然出現。他加入討論，鼓勵我們、問我們需要他幫什麼忙，還說如果在哪個政府機關程序上卡住了，他會親自拜訪那個部門解決問題。」

肯亞在二〇〇九年正式成為科技重鎮。那年七月，下撒哈拉第一個海底光纖電纜公司Seacom來到蒙巴薩港正式上線，瞬間讓東非有了快速的寬頻網路可用。Seacom是私人企業，七五%股份由非洲股東持有。在Seacom之後，由公家資助的水底電纜公司TEAMS接著成立，網路連接費用頓時下跌了七〇%。這就是肯亞會有那麼多新創公司，而且iHub和88mph的網路那麼快的主因。

此時整個非洲沿海已經被海底光纖電纜環繞，如同數位化的深水港，以南非、迦納、肯亞和奈及利亞為中樞。史蒂芬・宋在他的網站上（ManyPossibilities.com）標出了這些電纜的位置。

我最近在思索光纖電纜對非洲的影響時，突然有了一個想法。非洲常被外界描述為黑暗大陸——一個陰森未知之處，充滿心靈上和實體上的黑暗，跟光明潔白的西方世界截然不同。你可以自己詮釋這是什麼意思。

但是回頭想想，表面上看來這個老套的說法並沒有錯。你若是在晚上看衛星圖，會看到非洲是最暗的一洲。沒有幾家非洲人有電可用，大多數人仍是用柴火取暖和煮飯；很多人根本沒裝設有線電話，更別提電線了。

今天我們要顛覆這種陳腔濫調——說不定，這反而是一件好事？畢竟正是因為我們落後世界那麼多，現代科技才有機會讓我們跳過有線電話，直接進入手機和網路的世界。正是因為我們的黑暗，我們才得以超越其他國家，直接邁進二十一世紀。

燈開始點亮了，其影響將會無與倫比。

6

我們雄心壯志又年輕

讓我描述幾個場景。

地點是約翰尼斯堡的奧利弗．坦博機場，我在國內航廈等著轉機到開普敦。奧利弗．坦博是我最愛的非洲機場，它是非洲唯一可以和繁華杜拜相比的機場：誘人的餐廳、酒吧和免稅商店，甚至還有一個讓生意人可以刷亮他們的菲拉格慕（Ferragamo）名牌鞋的紐約風格擦鞋區。

擦鞋區的對面是一家新潮的葡萄牙咖啡館，叫做Vida e Caffè，它的連鎖店在南非到處都看得見，生意顯然做得很不錯。櫃檯後面是四位一、二十歲且面帶笑容的年輕男女咖啡調理師，身穿咖啡館的運動風格紅白制服，倒著完美的濃縮咖啡和拿鐵。當顧客給小費時，很搞笑的景象出現了：咖啡館員工變身成雷村黑斧合唱團（Ladysmith Black

Mambazo）般的樂團，臉上漾著燦爛的笑容，唱著：「Woop de waaa-Oooobrigaaadooo!」Obrigado是葡萄牙文「謝謝」的意思，短短的唱聲很引人注目。幾乎整個國內候機區的旅客都在竊笑，等著下一個客人給小費，讓大家可以再聽一次。

另一個場景是在奈洛比市中心的一個星期三下午。我走去旅館，路上經過一群年輕人，他們聚集在一個購物中心一樓的運動酒吧外，大約有三十人。酒吧正在現場轉播英國足球超級聯賽，利物浦對上切爾西，那群年輕人正透過玻璃窗從街上看著酒吧裡的超大螢幕。

二十年前這可能會是個令人擔心的景象：一群窮哈哈、沒錢進餐廳的非洲人站在店外，隔著玻璃窗望著裡面的有錢人大吃大喝。但是這群年輕人看起來並不落魄：有些穿西裝，正在下班回家的路上；有些穿牛仔褲、球鞋、戴棒球帽，跟你在倫敦或是馬德里酒吧外看足球賽的年輕小伙子沒什麼兩樣，其中還有一人正在用Facetime和英國的朋友討論他們在世界的兩端看的同一場球賽。

結果我發現，他們不是沒錢進餐廳才站在外面，而是酒吧已經客滿了，門口的保鑣不讓他們進去；更奇怪的是，他們也不在意。被擋於門外的群眾開始在街上開起派對，我也加入他們看球賽，一起為利物浦隊加油、擊掌！

第三個場景是拉哥斯維多利亞島上的高級餐廳Spice Route。它是一家兩層樓的亞洲風格餐廳，大廳中間有一個巨大的菩薩像。但是每個月有一個星期三的半夜，這裡會變身為Industry Nite，這是由拉哥斯一家音樂經紀公司舉辦的現場演唱會。奈及利亞最有名的歌手會來Industry Nite演出，五百多位從偏遠、貧窮地區來的聽眾，會到這裡聽他們演唱，和他們打成一片。今晚表演的有非洲最有名的ＤＪ之一，二十八歲的斯賓諾（DJ Spinall），還有廣受歡迎的饒舌歌手冰雪王子（Ice Prince），以及特地從倫敦飛來參加演出的ＤＪ蒂姆．維斯特伍德（Tim Westwood）。

十多年前，這種場合大半放的是西方的音樂，奈及利亞當地的歌手音樂家往往藉由英國和美國的音樂找靈感。今天這個模式完全逆轉，非洲音樂（尤其是奈及利亞音樂）紅遍全非，維斯特伍德這樣的西方歌手是來這裡共襄盛舉的。

這些在表面上看來毫不相關、在不同地方發生的事件，有什麼共同點呢？它們象徵著全新、有自我風格、自信滿滿、有世界觀的非洲，一個對自己的膚色驕傲，游刃於非洲和西方文化中，卻不尋求國外認同的新世代。投資人和分析師稱他們是「新生代獅子」，他們在非洲的人數有好幾億，不僅推動非洲經濟和文化的未來，很快他們也會改變世界。

你覺得我的野心太大嗎？或許吧，但是讓我們來看看統計數據。

非洲的人口不僅是在成長，根本是在**暴增**。全非洲十億人口中，有八億在三十五歲以下，是總人口的八〇%，這跟中國在一九九〇年代開始繁榮時是一樣的情形。下撒哈拉人口成長的速度是世界其他地方的兩倍以上。估計到二〇二〇年時，一億兩千兩百萬的新勞動人口會加入非洲的勞動市場，總勞動人口會高達五億人；到二〇四〇年（有些人認為會更快），非洲的勞動人口將會超越中國和印度；到二〇五〇年，我們的人口會加倍到二十億人，也就是在三十五年內多出十億非洲人！非洲人口最多的國家奈及利亞現有一億八千萬人，每年出生的嬰兒數比西歐還多。

人口暴增的後果很令人瞠舌，無論是人口學家、政治分析家、智庫和各國政府，大家都在苦惱要怎樣準備去面對未來龐大的非洲人口。畢竟成長中的年輕人口需要工作，萬一工作不夠怎麼辦？我們都目睹過二〇一〇年北非阿拉伯之春的動亂，那些沒有希望或未來的年輕族群就像一個火種，很容易被激發。

到時候會有工作嗎？這問題還是沒有答案。根據《經濟學人》的報導，非洲只有二八％人口是做拿薪水的固定工作，表示接近四分之三的人口不是失業中，就是從事不穩定的工作（通常是自由業）。雖然預計到二〇二〇年時正職就業率會達到三二％或三五％，就業率的提高還是要取決於政府政策和非洲創業家在某些產業創造成長的能力。[1]

馬拉集團和馬拉基金會盡他們的微薄之力，幫助非洲的年輕人創造機會，我會在第七章「人生就是不停地推銷自己」慢慢解釋。這一章我要說的是別的事。我認為非洲年輕世代的崛起，不只對經濟有好處，他們也帶動了文化運動，激起了非洲文化復興還有創新。

首先，人口成長表示環境在改善。我們之所以可以有更多的人口，是因為嬰兒的死亡率大幅下降，平均壽命也延長了。營養和醫療都在改善，非洲人死於可醫治疾病的人數是歷年來的新低點。根據世界衛生組織的報告，瘧疾死亡案例在二〇〇〇年到二〇一三年間下降了五四％。一度讓大家以為會滅絕整個非洲的愛滋病，下撒哈拉的感染案例在二〇〇一年到二〇一二年間減少了四〇％，在有些國家甚至減少七三％；愛滋病相關引發的死亡案例，也在同一時期減少了百分之二十二，[2]不過這多少要歸功於反轉錄病毒藥物的使用。此外，我們的確經歷了恐怖的伊波拉病毒疫情，上萬人因此喪命，成千的民眾受到疾病折磨，但是疫情大多是侷限在三個西非的國家內。

戰爭也比較少了，表示因武力衝突而死亡的人數因此下降。隨著許多國家轉為民主政治，一度是家常便飯的政變已不多見，這表示新一代的非洲人在沒有殖民政府壓迫、解放戰爭、冷戰時期衝突或是獨立後的種族衝突下長大。就拿那些在Vida e Caffé的咖啡調理師來說，他們以自己的工作自豪，如果他們其中有人將來自己開連鎖咖啡館，我一點也不會驚訝。但他們最啟發我的一點，是他們自信又樂觀，這種氣氛跟三十年前的南非年輕人族群形成強烈對比。那時非洲的年輕黑人沒去學校唸書、沒工作，他們在戰火摧殘後的小鎮街頭抗議種族分離政策，許多人輟學加入抗爭的行列。如今的南非還是有很多問題，但光是看到自信滿滿的年輕男女在咖啡館上班，我就已經對南非燃起一股希望。

非洲的人口激增也是一個大好的商業機會，投資人都已經注意到了。怎麼說呢？很簡單，如果你從事製造和銷售，這裡就是最好的市場。比如說，一個美國或歐洲尿布公司會想要在有嬰兒的地方做生意，那就是非洲了。尿布公司若想賺錢，大概會在非洲設工廠，因為非洲有足夠的勞動力。這就是中國能在過去二十年成長得如此快速的原因：那是一個敵得過世界其他地方、龐大又尚未開發的勞動人口。但中國的成長已經開始減速了。英國經濟學者查爾斯．羅勃遜（Charles Robertson）在TEDGlobal二〇一三年的演講「非洲的下一波繁榮」中指出，中國十五到二十四歲的人口在這十年內會減少三〇%，而非洲十五到二十四歲的人口將一路增加到二十一世紀的中期以後。

人口成長和另外一件事同時發生：非洲消費階級的快速成長。根據非洲發展銀行，非洲的中產階級在過去三十年增加為三倍，現有三億五千五百萬人，是總人口的三四%

以上，而且以比世界任何一個地方都要快的速度持續成長。前面是以尿布為例，這其實可以用在任何一項中產階級需要或想要的東西上：電話、電視、衣服、房子、車子、學校、購物中心、道路等等。

非洲第一富豪（同時也是世界第一黑人富豪），我奈及利亞籍的朋友阿里科．丹格特（Aliko Dangote），是做水泥的（他也做其他東西）。他能發跡並非僥倖，十年前整個奈及利亞沒有水泥工廠，如今隨著建築業的發達，奈及利亞已是水泥的淨出口國家，丹格特則準備在其他十四個非洲國家開水泥廠。

以上都是為什麼人口激增會帶來經濟榮景的原因。然而以我的角度來看，這些新生代獅子正在推動的是經濟以外的東西，雖然不那麼明顯，卻更有啟發性、更重要：他們重新燃起一股含蓄的信心，以身為非洲人自豪。這股驕傲也是我之前提過的文化和創意復興背後的動力。

我之前已經說過非洲年輕人如何開發和利用科技來符合他們的需求，但是他們的創新和創意能力應用的範圍，遠遠超越行動電話、問題解決導向APP這些領域。你可以在一波新的非洲藝術、電影、音樂、文學、建築和時尚裡看見創新，也能在那些足智多謀、發明和建造各種東西——從風車到竹製腳踏車皆然——的非洲年輕人身上看到創意。這個積極的文化運動是現代非洲鼓舞人心的故事之一，而且這是自發性的，沒有受到政府或是國外的影響，非洲年輕人是為了自己而創新。政治家們開始領悟到他們需要討好年輕族群，而不是年輕族群必須聽從政府。

我最近在從奈洛比到拉哥斯的飛機上，瞥見到這個令人振奮的新非洲。我坐在一個三十歲左右的奈及利亞人旁邊，他剛去肯亞和烏干達渡假一個星期，正在回家的路上。他去東非渡假這件事引起我很大的興趣。我早年在非洲到處做生意時，從沒看到有非洲人搭飛機到另一個非洲國家渡假，完全沒這回事。當然會有生意人出差到其他非洲國家，但是渡假是有錢人才負擔得起，而且他們大多偏愛去巴黎或倫敦。現在不一樣了，一般非洲百姓休閒時間多了，航空公司服務比較好了，機票和旅館也比較便宜了，而且可以網上訂購。

此外，非洲人現在對自己的大洲燃起新的興趣。多年以來，非洲許多公立學校只教導關於自己國家的歷史，然後直接跳到之前歐洲殖民政府的歷史和政治。如今非洲人漸漸轉變為對非洲感興趣，或至少開始挑戰對西方國家和非洲以外世界的迷戀。

但是我旁邊的乘客接下來跟我說的事，連他自己都覺得很驚訝。他說幾乎每一個他在烏干達和肯亞碰到的當地人，都想跟他聊他們聽過、看過的奈及利亞音樂家和電影明星。他說：「他們都很迷諾萊塢（Nolleywood）電影和奈及利亞音樂：Dbanj、PSquare、Don Jazzy和WizKid，還有演員像是Genevieve Nnaji、Omotola Jalade-Ekeinde和Chidi Mokeme。雖然他們確實都是奈及利亞的一線明星，但是我完全不知他們在東非這麼紅。他們比我更熟悉奈及利亞的綜藝界！」

這些演藝界明星在非洲其他地區還有非洲僑民圈也很受歡迎。雖然我的朋友（像是Dbanj和WizKid）也開始在國際舞台上露臉，不過顯而易見的是，在非洲當地，本土的流行文化漸漸地取代或與美國流行音樂競爭。這是天崩地裂等級的轉變，我這樣說一點也不誇張。

俗稱諾萊塢的奈及利亞電影業，正是這個「一切靠自己」的非洲創意最佳範例。諾萊塢的起源是一九九〇年代初期軍事統治下的拉哥斯街頭，大家一致公認諾萊塢是在一股創業風潮之下，由一個人和他的一個瘋狂點子開始的。肯尼斯・尼布（Kenneth Nnebue）在一九九二年從台灣買來大量的空白錄影帶，因為他認為有內容的錄影帶比較容易賣，諾萊塢就此誕生。尼布很快地拍了一部片叫做《生存枷鎖》（Living in Bondage），故事是關於一個男人為了爭取名利殺了他的妻子，但是亡妻卻回來糾纏他，因此摧毀了他的幸福、逼他發瘋。他賣了七十五萬片，於是大家都開始加入他的行列。[3]

受到《生存枷鎖》的鼓勵，數百個業餘製片家開始在奈及利亞拍電影，只要有一台錄影機和一些演員就可以開工。諾萊塢和好萊塢和寶萊塢（Bollywood）不一樣，電影說的不是富豪或名人的故事。奈及利亞的電影演的是描繪犯罪、貪汙、不貞的戲劇或笑劇，通常帶有引起大眾共鳴的道德上或宗教上的訊息（尼布是個傳道士）。這些專門給觀眾在家裡看的錄影帶或是VCD，最多只要十天就可以拍完，低成本（拍攝成本可低於一萬美元）也低產值，在街上一片賣一元。

隨著數位相機在二〇〇〇年代初期的到來，奈及利亞的電影業開始成長；當軍事統治結束、民主政治到來、思想解放時，電影業開始急劇興旺。依據每年所產的電影數量來看（每年兩千五百部片），諾萊塢是世界第二大電影產業，位於寶萊塢之後、領先好萊塢。它是世界上毛利第三高的電影產業，雇有數萬名員工。非洲公司像是iROKOtv和NollyLand開創了一個副產業，專門購買奈及利亞電影播放權，然後銷售給全球的用戶下載，就像網飛（Netflix）一樣。我會在下一章進一步討論iROKOtv。

諾萊塢和同樣在激增的奈及利亞音樂產業，合計每年產值高達驚人的六十五億美元。英國《衛報》（Guardian）報導說：「根據奈及利亞統計局的數據，電影業、錄音以及音樂製造業合起來的產值達數十億英鎊，佔奈及利亞GDP三千零七十億英鎊之中的一．四%。」

當二十三年前尼布從台灣買一堆空白錄影帶回來時，誰預測得到今天光景？

急速成長的不只是音樂和電影業，非洲的文學也由新生代獅子（其實是母獅）開始帶動。我之前提到了奇瑪曼達．恩格茲．阿迪契，以及她關於非洲「單一故事」的TEDTalk。不過現年三十七歲的阿迪契是以寫作聞名，她的小說《半個黃日》（*Half of a*

Yellow Sun）現在已被同行奈及利亞籍的小說家畢怡．班德爾（Biyi Bandele）拍成電影。加上在二〇一三年贏得美國備受尊敬的國家書評獎（National Book Critics Circle Award）的《美國夢》（*Americanah*），兩本書都是登上國際的暢銷書。阿迪契的著作帶有道地的非洲風味，卻也能吸引西方廣大的讀者群。

我還聽說過其他震撼文學界的非洲年輕女性，像是許久之前便入圍英國曼布克獎（Man Booker Prize）、辛巴威籍的諾紫羅蘭．布拉維歐（NoViolet Bulawayo），以及她的同鄉帕提娜．加帕（Petina Gappah），不只是國際商業律師，也是入選英國權威獎項歐威爾獎（Orwell Prize）的二〇一〇年決選作家。這些有才華的女性，都是這個有自信、全球化的新非洲的一部分。

文化復興也發生在建築上，是由知名建築師仁姆．庫哈斯（Rem Koolhaas）的徒弟、三十八歲的奈及利亞人康雷．阿迪頁米（Kunle Adeyemi）帶起的。阿迪頁米是荷蘭建築和都市設計公司NLE的創立人，常在拉哥斯、奈及利亞和鹿特丹之間往來。他在拉哥斯瀉湖岸馬科可（Makoko）貧民窟設計的馬科可水上學校，是一項測試非洲海岸邊的鄉鎮要如何對應快速的都市化和氣候變遷的實驗。從拉哥斯市區經過第三大陸橋（非洲最長的一座橋）到三角洲島群時，你可以看見馬科可學校漂浮在馬科可岸邊的獨木舟和密集的小茅屋上方，那是一個具未來感、三角形的木製建築物。

說到第三大陸橋，你或許會想要去看一部在二〇一四年由賽怡・法幫米（Seyi Fabunmi）和莫布拉吉・艾迪歐路（Mobolaji Adeolu）拍攝的紀錄片，片名叫《堅定不移》（Will of Iron）。這部片記錄的是一個和妻兒在這座橋下居住十五年的鐵匠，在二〇一五年的日舞影展大出風頭。還有，你看過迦納攝影家法蘭西斯・尼怡・歐伯戴・普羅旺斯（Francis Nii Obodai Provencal）讓人難忘的新作品嗎？你聽說過非洲正在流行全素烹調的風潮嗎？或是在巴賽爾藝術展邁阿密展會展出，由南非陶瓷大師安戴爾・迪耀凡尼（Andile Dyalvane）製作，要價五千美元的典雅黏土玻璃混製桌？肯亞藝術家賽勒斯・卡畢如（Cyrus Kabiru）設計的未來風雕像眼鏡呢？還有吉佳利新開的公平貿易（Fair Trade）咖啡店，以及迦納竹子腳踏車公司打造、新潮的竹製腳踏車？

好吧，我承認我剛才作弊了。對於上一段裡提到的東西，我直到五分鐘之前都還一概不知，剛剛才在網路上讀到。

說實在的，你如果真的想要知道非洲的新聞，不用去看傳統的新聞頻道和主流的報章雜誌，直接去看非洲人為非洲寫的部落格和網站就好。這些部落格和網站有上千個，內容有深度、有格調、網站設計漂亮，裡面的文章經常帶有諷刺的語調，網站取名諸如「非洲社論」（Afritorial）、「解放非洲」（Africa Unchained）、「非洲動態」（Dynamic Africa）、「我們如何在非洲成功」（How We Made It in Africa）、「廷巴克圖編年史」（Timbuktu Chronicles）。點閱其中任一個網站，裡面的故事會一個接一個帶你走入一個神奇的世界，內容從藝術、建築、音樂、電影、時尚、飲食和女性主義，到環保、商業和政治。

他們也報導真實的新聞，我就是在一個非洲部落格上看到索馬利亞海盜危機時在東非沿海的假海盜的消息。很會動腦筋賺錢的肯亞村民，據說假裝成索馬利亞海盜，詐騙西方媒體付錢交換海上喋血事件的獨家報導──那些村民其實沒一個人看過船。這真是令人哭笑不得，但也是在地風味十足、一刀未剪的非洲故事。

此時值得聽聽世界最有影響力的非洲部落客怎麼說。艾美卡・歐卡弗（Emeka Okafor）今年五十歲，但他留著時髦的山羊鬍、戴副藝術總監的眼鏡，看起來只有一半的歲數。他在二〇〇三年創立了有名的非洲科技部落格「廷巴克圖編年史」，又在二〇〇四年創立談論非洲藝術、時尚、生活型態與人道的「解放非洲」。他於英國出生、奈及利亞長大，不過他的部落格不是在非洲寫的，而是從他紐約布魯克林的家寫的。他是TED的成員之一（二〇〇七年他主持在坦尚尼亞阿路夏的TEDGlobal會議），他和iHUB的赫茲曼也是「非洲創客嘉年華」（Maker Faire Africa）的創立者，這是每半年舉辦一次的活動，給尚未被發掘的非洲發明家有機會展示和推銷最新發明和器具。如果iHub是高科技，創客嘉年華則著眼於低科技，專門辦給那些被人遺忘、會製造和修理東西的技術家。

「真正改變非洲的人會是他們，而不是那些穿西裝、坐辦公室的人。到美國西部探險開拓的那些人都會製造東西，這正是非洲需要的人才。」歐卡弗說。

雖然他不願承認，不過是歐卡弗啟發了這個有衝勁的非洲創意運動，而他自己則是受到現年已經七十歲、住在華盛頓特區的迦納經濟學家喬治・阿耶提（Ayittey）啟蒙。革命常常是由不尋常的關聯引發的。

「我在九〇年代晚期搬到紐約，我知道我想要寫些關於非洲的話題，腦袋裡也有很多點子，但是沒有一個行得通。然後，我看到阿耶提的作品。」歐卡弗說。

阿耶提是美利堅大學的經濟學教授，也是華盛頓特區自由非洲聯盟的創立人和總裁。他曾經是（到現在多少還是）華盛頓特區自由主義非洲政治圈的局外人。他雖然不否認奴隸制度和殖民統治對非洲的傷害，但他也毫不保留地將非洲的災難怪罪在獨立後貪汙的政治領導者身上，從他的著作如一九九八年《動亂中的非洲》（*Africa in Chaos*）明顯可見。這使他在世界救援機構、非政府組織和非洲大使圈中很不受歡迎。

他於二〇〇四年出版的重要作品《解放非洲：非洲未來的藍圖》（*Africa Unchained: The Blueprint for Africa's Future*），一一點名那些在殖民時期結束後的非洲政治領袖，指控他們是老邁、死氣沉沉又貪腐的世代。那些人將他們國家的苦難完全歸咎於奴隸制度、殖民政策和帝國主義上，徹底忽視自己的貪汙、腐敗、殘忍和不適任。

他稱這些領導人是「犀牛世代」。

阿耶提指出，非洲將會出現一個和犀牛世代對抗的新生代。他們年輕、受過教育、有抱負、有創業精神和自動自發，這些年輕男女毫不懈怠，不是在反抗犀牛世代，就是在為自己解決問題。

他稱這些年輕人「獵豹世代」，是非洲的新希望。

> 他們不在乎過去的殖民時期，他們不容忍沒道理的貪汙、沒有效率、無能或是滑稽。他們了解也強調公開、責任、人權和正當的監管。他們對殖民時期的政治沒有興趣，事實上他們根本就不是在那個年代出生的。由於他們沒有像老一輩背負對殖民主義、帝國主義和外在負面影響等先入為主的看法，這些年輕人可以清晰、客觀地分析問題所在。[4]

總而言之，阿耶提比任何人都先一步預測到新生代獅子的崛起和其變革性的影響。

當歐卡弗在讀《解放非洲》這本書時，他馬上可以體會阿耶提要傳達的訊息。當時他已經成立了「廷巴克圖編年史」，現在為了紀念這本書，他又成立了第二個部落格「解放非洲」，打算表揚和推廣獵豹世代的故事。瀏覽這兩個部落格的文章，你會找到上千個鼓舞人心的故事，見證有創意、精力充沛的年輕非洲人在藝術、文化、商業、科技、政治和許多其他方面嶄露頭角。

他很大方地在他的部落格上連結他找到相關故事的其他非洲網站，一個社群因此開始成形。透過部落格，他認識了在佛羅里達寫「白色非洲人」和「非洲酷玩物」的赫茲曼，還有在幕後主持「肯亞開講」（Kenya Pundit）的肯亞活動家歐莉・歐克羅（她的Twitter名稱是@Kenyapundit）。歐克羅後來和赫茲曼以及羅迪奇一起成立Ushahidi，然後去非洲谷歌任職。她現在是約翰尼斯堡歐米迪亞網路公司的投資總監。

歐卡弗說：「我在網路上遇見遠在千里外和我志同道合的人。二〇〇三年到二〇〇七年間，就我們那幾個人。現在呢？現在人多到我都數不清了！我知道我得邀請阿耶提去二〇〇七年阿路夏TEDGlobal演講，他是第一人選。有些人一開始不同意，覺得他是無政府主義者，但是聽眾了解我的用意：阿耶提給了年輕的非洲人一線希望，教導他們不對惡質的領袖低頭，要為自己的未來努力。」

阿耶提打動人心的演講「獵豹對犀牛」，在TED網站上被點閱五十萬次。那年還有另一個傑出的演講者。二〇〇六年，歐卡弗在「廷巴克圖編年史」上連結了一個十四歲馬拉威男孩的故事。男孩叫威廉．坎寬巴（William Kamkwamba），他照著圖書館裡一本叫《利用能源》（*Using Energy*）書上簡單的指示，利用樹、腳踏車零件和廢棄金屬造出一個風車。這個風車可以產出十二瓦的電力，足以供應他雙親家裡四個電燈所需的電力——這是他居住的村落裡第一次有人有電可用。歐卡弗在馬拉威找到坎寬巴，用獎學金把他送去參加TEDGlobal。坎寬巴雖然英文不太流利，他還是在台上接受TED主持人克里斯．安德遜（Chris Anderson）的訪問。這場訪談的點閱次數超過一百萬次，我敢說每個看過這場訪問的人都會掉眼淚。

「你是怎麼造這個風車的？」主持人問坎寬巴。

「我試著做，然後就做成了。」坎寬巴回答。

坎寬巴的故事後來被編寫成銷售數百萬本的暢銷書《馭風男孩》（*The Boy Who Harnessed the Wind*），而他也去了達特茅斯大學就讀，還接受前美國總統比爾・柯林頓輔導。

歐卡弗說：「《馭風男孩》除了開啟『非洲創新文學』這個新興文種，它也使得非洲人再也沒有藉口說他們無法改變自己的命運。這個有力又振奮人心的觀點，是坎寬巴充滿勇氣的故事的核心。」

令人訝異的是，非洲有上萬個像坎寬巴一樣的年輕發明家，其中有些人終於開始受到應有的注目。

你或許有聽過一個叫里查・杜瑞爾（Richard Turere）的十三歲馬賽（Maasai）男孩，他發明一個有閃光燈的柵欄來趕走獅子、保護他父母的牛群，他只用了一個摩托車的電池、一個舊手電筒的燈泡和一個汽車方向燈就做成了。一個叫凱文・督（Kevin Doe）的十二歲獅子山共和國男孩，為了實現當ＤＪ的夢想，他在村裡做了一個無線廣播發射機；他後來受邀去美國麻省理工學院，參加為期三個星期的在職訓練課程。

有非洲人用廢棄的塑膠水罐裝砂做成磚頭（環保磚頭）來蓋房子。一個參加馬拉諮詢的年輕坦尚尼亞人，利用從Google Earth下載的定位資料，為達累斯薩拉姆的壅塞交通發展出一套能在手機上使用的計程車導航系統。另一個年輕人則使用太陽能充電器，來跟一群孩子解說電器用品設計的基本概念。

對歐卡弗來說，這些都是非洲需要的能解決問題的人才。「我們需要說話不含糊、不穿西裝和打領帶的人。能打造東西的人才，是一個社會的基礎；我們的下一個挑戰，是要把這些能創造東西的人才送進政府。」

歐卡弗和赫茲曼相信非洲到處都有像坎寬巴和杜瑞爾一樣的發明家，卻從來沒有被人發現。為了發掘這些人才，他們成立了「非洲創客嘉年華」，其定位是「一個藉由創業家和小型企業打造在非洲擴張的機會，來發展非洲設計和製造業的泛非洲發明家、設計家和製造商社群」。非洲創客嘉年華首先於二〇〇九年在阿克拉開場，至今已在奈洛比、開羅、拉哥斯和約翰尼斯堡舉辦過。歷年來的發明，包括四個奈及利亞女孩發明的尿液發電器、專門的液壓玩具，還有各式各樣解決供電問題的發明。這讓我想起了當年出口不斷電系統的日子。

非洲創客嘉年華的十大宣言包括以下三點：

- 「我們不等人。」
- 「我們製造的是非洲需要的東西。」
- 「我們會用自己的雙手重建非洲。」

這些話非常激勵人心，實踐這些宣言是我們每個人的責任。

7 人生就是不停地推銷自己

我知道你在想什麼。非洲小孩穿著球鞋在光鮮亮麗的購物中心聽iPod，並不是經濟成長或是文化復興；同樣的，二十多歲的年輕人在時髦的咖啡廳研磨濃縮咖啡，也不代表非洲崛起（這是當下年代流行的說法）。

我們當然還沒成功。一個強壯的經濟體系會建造與生產東西，不只是消費。當非洲有生產者時，我們才真正成功。無論是你腳上穿的鞋子、桌上的電腦或駕駛的車子，我們必須要能在非洲生產這些東西，才算是我們真正成功的時刻。

創客嘉年華、iHub以及我提到的幾個部落格，他們的目標都是在培養一個促成發明家和製造者的環境和文化。這些計畫和網站並沒有提供工作機會，而是去公開宣傳這些有點子的人，這些人會再去僱用員工生產製作他們的發明。這些計畫和網站提供一個讓想法和發明成真的空間，隨之讓這些發明企業化。

在馬拉基金會，我們有自己的育成過程，我們希望能讓創業家揚眉吐氣。

藝術家、發明家和製造者需要別人助他們一臂之力，非洲上百萬的創業家也需要別人拉他們一把——等等，讓我重講一次，非洲有**上千萬個**創業家。我之所以知道他們有那麼多人，是因為我每天都會碰到他們，任何一個來非洲的人也會看到他們。非洲的創業家到處都是，多到我們常常忽略了他們的存在。

我在說的是誰呢？

每個城市、村莊、小鎮、貧民窟和遊民區，都有非洲人在製作、栽植、購買和販售東西。在街上叫賣洋蔥、番茄和馬鈴薯的小販是創業家，賣石頭雕刻的藝術家也是創業家，賣家具的木匠、修鞋的裁縫師、編頭髮的美容師全都是創業家。最近幾年，傳統貿易的概念已經擴張，有許多非洲創業家在房子旁邊搭的帳篷裡買賣通話時間、ＳＩＭ卡、諾萊塢電影、ＤＶＤ或出租手機充電站。

好幾個世紀以來，非洲人一直在發明各種有創意的商業交易。某種程度上來看，非洲人因為沒有退路，所以人人都是生意人或創業家。私人產業的失業率總是高居不下，公家機構的職位常常是保留給有社會階級或是有政治關係的人。除了國外的救援（但也造成被西方控制和依賴西方的問題），非洲多數地區沒有社會福利，非洲人總是必須自立自強照顧家人，而他們正是靠創業達成這一切。

這個現象發生在最貧苦家庭的日常生活中。我曾經看過被逼到角落的非洲人努力地要出人頭地，他們的想像力和拼命的程度讓人非常驚訝。

我之前提到了肯亞海岸的假海盜事件，或許我應該提個比較正當的例子。我們來談談南非的非藍尼．德賴拉（Philani Dladla），人稱他是「人行道上的書蟲」。他無家可歸，在約翰尼斯堡街上賣書維生。賣書的人很多，但是德賴拉不一樣，他賣的每一本書他都讀過；如果停車買書的摩托車騎士特別要求，他還會提供書評。

他什麼書都能講評，從《咆哮山莊》（*Wuthering Heights*）到《達文西密碼》（*Da Vinci Code*）都侃侃而談。二〇一四年有一部關於德賴拉的短片「人行道上的書蟲」（The Pavement Bookworm），片中德賴拉像老師一樣，解釋讀書對一個社會的重要性。

他說：「知識絕對不會帶來任何壞處，讀書會涵養身心。」

德賴拉用賣書的錢買東西吃和幫助其他遊民，他也免費給孩子們書，鼓勵他們念書。他最喜歡的作者是約翰．葛里遜（John Grisham），他解釋：「葛里遜是個律師，寫的是關於犯罪和法院的書。我喜歡他的書，是因為他講的是社會正義。」

誰會不想向德賴拉買書呢？

另一個我喜歡的故事，是我同事跟我說的，講的是一個「賣魚缸的」街頭年輕小販。在達累斯薩拉姆的高速公路上，有個人在交通顛峰時間頭頂著魚缸逆向走在車陣中。有很多人也在同一區賣魚缸，但是這個賣魚缸的年輕人格外顯眼——他的魚缸裡不僅有水，裡面還有真的魚；不是隨便一條魚，而是一條漂漂亮亮、色彩繽紛的熱帶魚。所以這個年輕小販走在高速公路上，閃躲著來向的車子，頭上還頂著一個有隻熱帶魚在裡面游泳的魚缸！

我知道我要跟哪個人買魚缸了！

再看看我之前提到的奈及利亞的貧民窟基貝拉，這裡是世界上最大的貧民窟之一，上百萬人擠在密密麻麻的鐵皮屋裡。每當下雨時，下水道的髒東西會被沖到街上，孩子們就在街上玩，看了令人揪心。但是根據《經濟學人》的說法，「基貝拉可能是世界上最有創業精神的地方」。[1]

那裡是各式各樣生意聚集的地方，充斥著小攤販、市場、工作坊、酒吧和餐廳。當地居民在那裡製作藝術品、小玩意兒、衣服、家具和磚頭，他們也修電視、車子、腳踏車和發電機。基貝拉應有盡有。那裡沒有電（至少沒有正式供電），卻有很多網咖和列印店開在快要塌下來的小屋子裡。當地人買好二手印表機和桌上型電腦，再找來一架發電機，連接起來就等於是一個簡陋版的辦公用品店！基貝拉有很多非正式的電力供應商，當地人只要買一個電力變壓器，再接上電力公司的系統，就等於自己開起電力公司，可以提供電力給鄰居並收月租。

基貝拉有些人的家裡兼做電影院和運動酒吧：一個人（或是一群人）買電視，向非洲的隨選付費數位衛星電視公司Multichoice訂購服務，然後跟來看電影或是球賽直播的觀眾收錢。雖然沒有環繞音響或躺椅，你還是可以在基貝拉的小帳棚裡看世界上任何一場球賽直播。順便說一下，Multichoice是在MTN開始轉變非洲電信業的同時開始提供隨選付費服務，他們的衛星轉播球賽服務在全世界首屈一指。我在英國的朋友覺得只要花點小錢，就可以在非洲各個偏遠角落看任何一場直播球賽，是一件很不可思議的事情——在美國和歐洲，這些直播節目可是索價昂貴。

交通呢？非洲幾乎沒有大眾運輸系統。我們的道路建設十分差勁，因而造成交通阻塞。最有創意的交通工具發明，是從印度和中國進口而來、充作單人座計程車的廉價摩托車，大家把它們叫做邊境車（Boda Boda），就像是亞洲的嘟嘟車（Tuk-Tuks）。邊境車這個名字是從在烏干達和肯亞邊界的腳踏計程車轉借而來，當時移民會僱這些腳踏車載他們在邊界之間往返。

如今這個稱呼已經廣泛地用在數十萬輛廉價摩托車上，品牌包括印度和中國製的力帆（Lifan）、巴加（Bajaj）和天王鳥（King Bird）。邊境車可以載乘客穿梭在堵塞的交通裡，比其他交通工具都快，現在東非各地到處都是。就像是行動電話，邊境車這個產業帶來了多重影響：它本身是個行業，又促成了其他產業的從業者可以用最快的方式在自宅和工作場所之間往返。

我之所以提到這些基貝拉創業家白手起家、激勵人心的故事，正是因為他們跟非洲人懶散怠惰、非洲欠缺活力的刻板印象形成對比。西方旅客要是看到基貝拉這樣的地方，立即的反應大概會可憐這些人的生活。這可以理解，我也無意美化貧民窟生活或是世界上其他窮人的艱苦。但是西方旅客沒有看到故事的另一面：基貝拉和其他許多非洲城鎮居民，有著動力、野心、努力工作和毫不懈怠的態度。這種精力和努力工作的精神是我們的未來，我們一定要好好利用，這樣才能進步。

這種創業精神並非前所未見，也不是最近才新有的。這種「一切靠自己」的文化，長久存在於我們的社會和歷史裡，它是我們的過往之一。我們比西方人更早就已經是創業家，這也是為什麼我們一定要表揚這個創業精神的另一個原因。

讓我來解釋一下。一般人對非洲的刻板印象，確實是我們懶惰、落後、沒有一技之長，只等著外面的世界救助。那些電視上無助的飢餓孩童，或是幾十年來獨裁、窮困、飢荒和戰爭的負面新聞，都漸漸地塑造了外界對非洲的看法，以及非洲人對自己的想法。我無法否認大部分的非洲養成了依賴和無助的文化，但這並不是對一般非洲人的正確描述，更與我們的歷史相違。

比美國和西歐早上好幾世紀之前，非洲就有了自由貿易市場及蓬勃的創業文化和傳統。馬利（Mali）北方的廷巴克圖（Timbuktu）是一個重要的貿易中心和市場，歷史可上溯至十二世紀；它對北非和西非經濟的重要性，等同地中海沿海城市對於歐洲和地中海東岸的亞洲諸國。

在《解放非洲》一書中，阿耶提舉了很多非洲在殖民政府之前的商業成就：十四世紀在奈及利亞卡諾（Kano）的青染布料商、殖民政府統治前在貝南（Benin）旺盛的玻璃工業、奈及利亞南部的棕櫚油業，還有十九世紀迦納阿散蒂人（Asante）的絲綿混織業。「獲利在非洲並不是個陌生的概念，歷史上有為數眾多的非洲創業家、貿易商、中盤商和仲介人，他們的目標是賺錢和累積財富。」[2]

但接下來發生了悲劇，這些技術和傳統一再地被摧毀、傷害、侵蝕或打壓。先是幾百年的奴隸戰爭，接著是殖民政府統治，然後是獨立後數十年的貪污政府，多半效命於西方的社會主義或共產主義意識形態。從來沒有一個爭取獨立的領導者，有好好地解釋過為什麼脫離殖民統治，就等於跟隨一個十九世紀德國學者、叫做馬克斯的傢伙的理念和思想——那人總是在大英圖書館做研究，從未踏足非洲。

同時，我們不應該對那些派人來這裡建水井、栽種糧食的救援機關感覺虧欠，好像應該要聽從他們的指示。同樣的道理，我們也不應該依靠西方官僚告知如何適當地推行資本主義，或是坐視目前正在發生的狀況——讓北京的黨政高層指示我們要拿什麼資源來交換這個或那個計畫。

正是因為這些從殖民時期開始的外在影響，後來又添上我們自己貪污腐敗的領導者和政策，才導致這個懶惰、無助、沒有想像力和依賴別人的非洲。我要說的是，藉由我們創新、自動自發、自由交易的獨特文化和傳統，我們可以掌控自己的命運。我們是一個充滿創業家的大洲。

幸好從之前舉的例子裡，可以看到我們還保有這些傳統。隨著脫離往昔政治和政策上的錯誤，這些傳統開始重見天日。

我們現在必須做的事，是開始利用這些創業的能量。

當我們的人口日漸成長，就業對我們的未來是很重要的關鍵，也就是讓大家都有工作和機會。馬拉集團和基金會盡他們的職責創造就業機會，他們的目的是要利用非洲的人才、訓練他們，提升他們的經驗和能力。

馬拉集團在二〇一〇年發現了一個在非洲創造工作機會的方法。一年前我在從度拜到達累斯薩拉姆的飛機上，坐在印度科技公司Ison Infotel創立人拉美斯．歐塔尼（Ramesh Awtaney）的旁邊（你永遠猜不到在飛機上會碰到誰！）。顯然當時非洲對科技服務的需求不僅在成長，而且馬上要暴增。我們都看到了電信產業是如何地轉變了非洲，而隨著光纖電纜在非洲沿海鋪設，經濟將會成長得越來越快，現在所有內陸國家都想要接上沿海地區的網路。加上如ＩＢＭ、戴爾、奇異等國際大公司都開始了解非洲是一個成長中的龐大市場，理所當然非洲會需要在地的科技服務。

於是在二〇一〇年，馬拉集團和Ison Infotel合作成立「馬拉Ison Technologies」，現在它是非洲領先群倫的科技服務公司之一，在非洲十九個國家提供資料中心、網路諮詢、系統整合、資訊安全等領域的相關資訊。它的客戶來自各個產業，包括電信、銀行金融服務、石油天然氣和政府單位。以一個在飛機上偶然的巧遇來說，這個結果還不賴吧？

另外有個相關的馬拉集團旗下公司叫Ison BPO（business process outsourcing，企業作業外包），或是一般人說的客服中心。你有沒有想過，每次你在美國打電話給銀行服務專線或詢問軟體相關問題時，為什麼電話那頭接電話的人是遠在千哩外、位於海德拉巴（Hyderabad）的印度人？我有想過這件事——為什麼非洲人沒有跳下來參戰？我們有龐大的勞動人口，而且我們學習科技和通訊相關技術的能力不會輸給印度人和孟加拉人。為什麼非洲公司要把這些工作外包給印度或其他地方的公司，而不是在非洲自己做？在此同時，還可以創造出有數千個工作機會的新產業！為什麼西方公司不把客服中心外包給我們？

所以馬拉集團改變了整個局勢。Ison BPO在二〇一〇年成立，目前在六個非洲國家（尼日、查德、布吉納法索、盧安達、獅子山共和國和馬達加斯加）提供設立和操作資料中心的服務，以及承接眾多國際公司的客服中心外包業務。結合最佳的當地人才和最好的全球服務網絡，馬拉集團為企業外包產業提供最佳的專業服務。

西方的中產階級往往對客服中心的工作嗤之以鼻，但是這種工作的好處之一，是它提供了重要技能給一群以前沒有工作、和外界沒有接觸的人——在外包客服中心任職時，常常需要接受科技和溝通上的專業訓練。我認為企業外包產業是個跳板，能讓數千名本來沒有工作前景的非洲人學習一技之長，然後去其他產業發展。

你大概會問，這和我之前提的白手起家的創業精神有什麼關係？問得好！在工廠和客服中心雇用人雖然重要，但是這樣還不夠，光是工廠提供的工作，並沒有辦法解決當下的問題：六億名二十歲以下的非洲年輕人，在接下來幾年之內將會需要工作。

這時就輪到馬拉基金會上場了。我剛滿二十七歲後沒多久，在二〇〇九年創立了馬拉基金會。我是被一個簡單的領悟激發的：二〇〇〇年代中期，當我的事業蓬勃發展時，我開始注意到這些畢業的學生。我心想，他們接下來要做什麼？他們能有什麼選擇？

回顧我自己的情況，我真的很好運。我的教育程度大概比他們都低，但那是我自己的選擇。畢竟，我有一項他們沒有、而且比學歷更重要的東西：我父母親對我的支持。

當我十五歲決定輟學時，父母支持我，父親借我錢，他們倆始終給我英明的建議；我的姐姐們也支持我。因為我有後盾，我可以毫無顧忌地追求夢想。

但是這些從學校畢業的年輕男女，有多少人能獲得這樣的支持？我該怎麼做，才能幫助年輕創業家在創業初期避開我當時遇到的困難？

目前還只是在人口暴增的初期，但連我都看得出非洲年輕人從來沒有這麼多（現在又更多了）。我猜想在那麼多的年輕人當中，一定有具潛力、和我在他們同樣年紀時一樣有抱負的創業家，而且可能有很好的創業點子。但是在非洲，點子和實踐中間隔著一片汪洋。

我也思索我們的創業精神不幸地在過去幾個世代中喪失了。綿延幾個世紀的動盪，讓我們失去了多少人才和菁英？有多少非洲的富蘭克林（Benjamin Franklins）、愛迪生（Thomas Edison）、卡內基（Andrew Carnegie）、福特（Henry Ford）、比爾・蓋茲、賈伯斯（Steve Jobs）、布蘭森（Richard Branson）、拉里・佩奇（Larry Paige）還有馬克・祖克伯（Mark Zuckerberg），從來沒有被發掘出來？他們眼睜睜地消失、凋亡或在戰爭中喪生，或是因為沒有財務資助、建議和幫助而漸漸消逝。

坎寬巴這個運用風力的男孩，在二十一世紀的馬拉威建造他自己的風車。但是他之所以能夠為人知曉，是因為一個默默無名的馬拉威報紙報導了他的故事，然後一個部落格找到了這篇報導，散播到全世界。即使如此，歐卡弗還得花上很大的功夫研究，才找得到坎寬巴的偏遠村莊、幫他出旅費，邀請他到二〇〇七年在阿路夏舉辦的TEDTalk，他才能告訴全世界他的故事。已經是二十一世紀了，但還需要這麼多湊巧和麻煩！

我想到我的父親，他是一個慷慨大方、很有生意頭腦的商人，卻由於政治上的無知和種族歧視而兩度失去一切。非洲有好幾百萬個像我父親一樣的故事，而他正是當時非洲需要的人才。我們不能再度失去這些人，我們需要更多這樣的人。

所以我們決定我們有義務擔起責任，而我的結論是，非洲年輕人不能靠外界的收入來源、獎學金和救援。非洲年輕人成功的關鍵，在於讓他們當中的創業家有能力；幫助創業家創立自給自足、可以加倍擴張的事業，他們才可以僱用其他更多的員工。換句話說，我們要投資這些一直存在於非洲卻始終被忽略或迷失的年輕人。讓這些人獨立自主，將會大大地扭轉局勢。

馬拉基金會是馬拉集團的非營利機構，是一個專注於培養初露頭角創業家的社會企業。我們提供創業家與整個商業概念生命週期相關的各種諮詢，從給予初創企業建議到介紹創投公司。我姐姐羅娜是基金會的總監，她一直在商業界提倡給年輕人和女性機會。她對小細節十分注意，成功替馬拉基金會和安永會計師事務所（Ernst and Young）建立合作關係，攜手培養非洲的中小企業。她也和聯合國婦女權能署（UN Women）合作，其專案「女性經濟賦權知識之鑰」（Women's Knowledge Gateway for Women's Economic Empowerment）目前在八十個國家運作。

這個計畫有個分支叫馬拉諮詢，標語為「培育、賦權、啟發」，它是一個為世界各地新興創業家和經驗豐富、激勵人心的企業領導人串起連結的網路社群。

馬拉諮詢在二〇一二年首度見世，現在已經擴張到許多非洲的主要國家，準備朝國際市場前進。我們約有五十萬名註冊成員，和世界各地數百位顧問配對。不管你的年齡、國籍、職業或背景，只要你對商業有熱情、有興趣，都可以加入接受諮詢。我們的顧問是想要回饋社會的成功商業人士，包括鮑達民（Dominic Barton）（麥肯錫顧問公司〔McKindry〕全球執行長）、戴蒙（前亞特拉斯馬拉創立人和總監、前柏克萊銀行〔Barclays〕執行長）、藍迪・祖克伯（Randi Zuckerberg）（前臉書〔Facebook〕市場開發董事）、馬契爾（Graça Machel）（人權主義家和前南非總統曼德拉〔Nelson Mandela〕遺孀）、溫伯格（Mark Weinberger）（安永董事長和執行長），還有普姆齊萊・姆藍博・恩格庫卡（Phumzile Mlambo-Ngcuka）（聯合國婦女權能署執行董事）之類的各界成功人士。

馬拉諮詢要怎麼使用呢？用戶上網登記成為會員，下載我們的ＡＰＰ（二〇一四年推出，在iPhone、黑莓機和Android平台都可下載），或是去馬拉諮詢有營運國家的城鎮裡，在我們舉辦的推廣活動公開說明會當面登記。之後會員可以直接和他們認為最能提供他們建議的顧問接洽，兩方的交流從此開始。

此外，我們做的不只是線上輔導。

由哈特爾・夏（Hetal Shah）、道格拉斯・伊瑪盧魯（Douglas Imarulu）和馬克・恩萬尼（Mark Nwani）領軍的奈及利亞團隊，在拉哥斯和阿布賈（Abuja）舉辦一對一的投資提案活動，有六十位新手創業家向二十五個企業領導者展示他們的點子，就像是電視節目「創智贏家」（Shark Tank）那樣。被選出來的前四十位創業家，可以在MTN的總經理亞迪康雷・亞德畢怡（Adekunle Adebiyi）和農業銀行（Bank of Agriculture）董事莫罕默德・山多拉齊（Mohammed Santuraki）之類的成功企業人士督導下，接受為期六個月的輔導。

這些成員設想想或正在嘗試的點子非常具有啟發性，證明了創業精神果真存在。拉哥斯當地居民、想當歌手的阿比歐登・金（Abiodun King），向他最喜歡的音樂家、在奈及利亞很有名的Waje，展示他為作曲家寫的一個APP；Waje建議他正式登記他的公司並設立官網。阿比歐登不但已經做了這兩件事，Waje也將在她的新專輯中錄一首為阿比歐登寫的歌。單是一個會議，就給了阿比歐登事業上的重大突破！

山謬・亞因德（Samuel Ayinde）的主意是把蝸牛殼之類的農業廢棄物回收轉變為肥料，得到培養奈及利亞農業女性人才的施邁・卡同（Shimite Katung）的稱讚和建議。其他的成員想進入時尚、公關事業，我們也幫他們媒合相關產業的企業人士。

我們不只在肯亞的大型廣告看板上推廣馬拉諮詢，也在電視的音樂頻道上贊助一個為時一小時的節目，內容是我們其中一個顧問對年輕觀眾的談話。

馬拉基金會和馬拉諮詢的目標之一，著重在激勵女性創業家。我遇過最有啟發性的顧問之一，是三十四歲、肯亞籍的女企業家克里斯汀・卡錫那・歐戴羅（Christine Khasina-Odero），我們的廣告看板上就是掛著她的肖像，她在肯亞算是個名人。

歐戴羅在二〇一〇年生了一個兒子之後，她發現奈洛比的年輕媽媽沒有社群可以去詢問遊戲團體、小兒科醫生、托兒所、育嬰中心、媽媽族聚會、營養、餵母奶、嬰兒衣服等等相關資訊，所以她創立了Supamamas這個瞄準年輕媽媽的網路活動和行銷公司。Supamamas會在網路討論議題，也舉辦活動、請專家來講各式各樣的專題，包括嬰兒營養學、如何照顧有特殊需要的孩子、給想回職場的媽媽在事業上和打造個人品牌上的建議。她的收入來自廣告、活動售票和贊助，她的活動常常是一票難求，Supermama的觸角已經延伸到蒙巴薩和肯亞郊區。

身為成功的女企業家，讓歐戴羅成為更有價值的顧問。她表示：「我十五歲的時候，女性要不是老師、護士，就是全職媽媽。現在我們的角色改變得非常快：我們是創投家、銀行家、工程師，商業領域有許多女性。」

她公開討論世代落差和社會對女性角色的期待：「我媽媽以為我做Supermama只是玩票性質，因為那是在網路上營運，她認為那絕不可能是真的工作。她現在很以我為榮，她看到我上了電視！」

有趣的是，很多男性也想要聽歐戴羅的建議。「男生還真喜歡我！」她說。「我提供諮詢時，一個很常聽到的問題是：妳是怎麼做到的？我告訴他們，這不是一夕之間造成的，而要靠一天二十四小時、孤單寂寞努力工作才能達成，很多人是辦不到的。」

雖然如此，打造一個成功的事業然後提供建議幫助別人成功，能夠帶來非常大的收獲感。「我輔導的一個年輕人有個搭配農夫市集的好點子，她想開設一個結合外燴服務和廚師的活動廚房。你猜呢？她做到了，現在這個活動廚房就在奈洛比的提卡（Thika）

街上。」

我並不打算讓你以為馬拉集團發明了創業家輔導，或者馬拉諮詢是唯一這樣的計畫。就如我之前所說的，我們有我們的責任，其他人也在盡他們那部分的責任。

這裡或許正好適合提一下其他鼓勵和推廣創業精神的人。我之前提過，想看真正的非洲故事，部落格是最好的地方，然而也有許多商業作家和雜誌精於報導西方媒體忽略的故事。「非洲創業」（Ventures Africa）的烏左・伊維拉（Uzo Iweala），以及「非洲富比士」（Forbes Africa）的恩錫合（Mfonobong Nsehe），都會報導非洲經濟爆衝的真實面。除了這兩個媒體，你如果想認識非洲商界的重要人士，可以看肯亞的「非洲財金快報」（Business Daily Africa）、衣索比亞的「阿迪斯財星」（Addis Fortune）、迦納的「商業金融時報」（Business & Financial Times）、奈及利亞的「經濟日報」（Business Day），還有南非的「即時商業」（BDLive）。你也可以把「我們如何在非洲成功」（How We Made It in Africa）這個網站記下來，它每天都會刊登非洲各地各式各樣創業家的精彩訪談內容，探討他們的成功、失敗和啟示。

在表揚啟發人心的創業家方面，非洲領導會（African Leadership Network）是做得最好的機構。非洲領導會是由我兩位聰明的年輕朋友在二〇一〇年成立的領導和企業交流組織，他們分別是卡麥隆籍的阿查・利可（Acha Leke），以及迦納籍的佛萊德・斯瓦尼克（Fred Swanike）。從二〇一〇年開始，非洲領導會每年都會舉辦非洲創業獎（Africa Awards for Entrepreneurship），鼓勵從社會企業到轉型企業、非洲在各方面最有才華和創意的創業家。

二〇一四年的頒獎典禮，於該年的十一月在盧安達吉佳利的色蓮娜旅館（Serena Hotel）舉行，典禮炫麗尖端的程度不輸奧斯卡獎。奈及利亞歌手兼作曲家唐・積齊（Don Jazzy）帶來一群旗下的明星，在頒獎儀式上表演。台上的大螢幕播放著五個項目其中四項的決賽入圍者，介紹他們的公司和發明；台下坐著的觀眾人人身著禮服。

入選人和贏家包括OSTEC的創立人兼總裁、迦納籍的強納森・塔瓦（Jonathan Tawiah），他的公司在西非提供科技基礎建設，發展足以和ＩＢＭ和微軟抗衡的非洲企業軟體系統。另一位則是擁有專業烘培咖啡公司KZ Noir、盧安達的青年吉伯特・加塔利

（Gilbert Gatali）。KZ Noir在盧安達有八台咖啡豆清洗機，每年和一萬名農夫合作將盧安達的咖啡外銷到全世界，現在也開了連鎖咖啡店Neo。Neo已經擴張到奈及利亞，大家都說他們的咖啡是世界上最好的咖啡之一。

終身成就獎頒給了七十六歲的多哥籍人葛文・狄中督（Gervais Djondo），他是Ecobank的共同創始人、Asky航空的創立人。Asky是西非和中非的廉價航空，他們也飛巴西路線。聽狄中督講他在商業界的生平，讓我聯想到偉大的先驅或戰士。他是個拓荒者，當這個大洲經歷動盪之時，他想盡辦法成就了大事。透過Ecobank和Asky航空，狄中督真的是徒手轉變了多哥，創造出數千個工作機會。

但最令人難忘的，或許是傑出社會創業家獎得主，三十三歲的烏干達人理查・巴爾（Richard Bbaale）。巴爾創立一個叫做「香蕉墊」（BanaPads）的公司，生產能自動分解的環保衛生護墊。他們使用一個很簡單的技術：用天然和回收的材料，將香蕉莖稈這種豐富且免費的有機廢物，轉換成吸收性強的紙張。巴爾發現郊區的女孩子因為生理期時買不起衛生護墊，平均一年有五十天不能去上學，因此他發明衛生護墊並設立公司。

巴爾領獎時和觀眾說：「生理期是很正常、很真實的事情，但是對那些住在盧安達和剛果郊區、每天靠不到兩美元生活的人來說，生理期等於不能上學，這些女孩子因此錯過學習的機會。」在場的觀眾聽聞此言都眼中帶淚。

香蕉墊公司不僅提供衛生護墊和學習的機會給這些年輕女孩，他們的營運方式取法於有名的雅芳（Avon）公司。香蕉墊會由坦尚尼亞和烏干達郊區的女性小量地沿家銷售，這些女性每人會有一個入門的套裝包，內含存貨、訓練和行銷支援，然後可以傳授給其他的年輕女孩。香蕉墊公司目標要在二〇一六年時召集四百位女創業家，有五萬郊區的女性使用者——這就是倍增效應。很棒的故事，不是嗎？

重點是，如果七十六歲的狄中督，提醒了我們過去非洲有堅強的創業精神，新一代的代表——塔瓦、加塔利和巴爾——告訴我們的，就是我們可以對未來有信心。

我很敬佩非洲創業獎和非洲領導會表揚這些創業家的努力。我們都必須更加努力，確保這些非洲青年的龐大潛力有機會茁壯並開花結果。

8

你可以回家了

二〇一一年十二月二十二日，一篇《衛報》的文章引起了我的注意，文章的標題是〈葡萄牙人移民到舊非洲殖民地尋找新機會〉。

我以為要是繼續讀下去，內容會是在一九七五年莫三比克脫離殖民統治獨立時逃離到葡萄牙的莫三比克人回非洲的新聞。這雖然有意思，卻沒什麼了不起的。我父母親離開烏干達去歐洲，很想念烏干達，最後搬回非洲。我可以理解一個離鄉在外的莫三比克人為什麼想回家。

但是這則故事說的並不是在葡萄牙的莫三比克人回鄉的故事，而是葡萄牙的年輕白人中產階級——土生土長、在歐盟成員國葡萄牙受教育的葡萄牙人——在看了當地的經濟展望後說：「真的，莫三比克看來比較有前途。」

我瞭解這篇文章內容的時候，下巴都快掉到地板上了！

我從小就聽說莫三比克是世界上最窮困的國家之一。莫三比克位於非洲東岸，是一塊狹窄、長約一千八百英哩的土地。它經歷長達三個世紀的高壓殖民統治，接著是殘忍的內戰和實行馬克斯主義的敗壞政府，它是非洲動盪不安的最佳的代表：到處是地雷、經年戰亂，完全依賴國外救援。一九九二年內戰結束時，聯合國認定莫三比克是世界上最窮的國家之一。

然而，僅僅二十年後，葡萄牙的年輕人願意放棄身為歐盟公民的特別待遇，搬去莫三比克尋找比較好的機會。

很奇怪吧？讓我引用幾句文章裡的內容。

自由業數位繪圖設計師瑪麗亞和丈夫里卡多在二〇〇六年搬到莫三比克的首都馬普托（Maputo）。

「每天都有好多新來的人，而且源源不絕。」瑪麗亞說。「四年前這裡很安靜，但是兩年前開始，一切都變了，彷彿是在兩年內人口變成了三倍！每個星期我在餐廳和俱樂部都看得到新面孔。」她不可置信地搖頭。「我在葡萄牙的老家是一個偏遠的小鎮，但這裡還是有三、四個從那裡來的人。」

這篇文章接著提到一個連結里斯本和馬普托兩地居民的網路社群，他們分享履歷表、工作機會和移民資訊。

剛從里斯本搬來的環境工程師卡洛斯．開德羅說：「里斯本情況很不好，已經陷入危機。那裡沒有工作機會，即使有工作，薪水也很低，情況只會越來越糟。」他說莫三比克有很多機會，但要看你是做哪一行的，建築師、工程師或擁有特殊技術的人，可以有很多選擇。[1]

莫三比克的機會比較多？看到這裡我不禁竊笑，但是我不應該這麼驚訝，畢竟我已經注意到一股大量但不一樣的移民潮流——不是到非洲找新機會的歐洲人（雖然現在也有從葡萄牙以外、其他面臨困境的歐洲國家來的移民），而是歸國的海外非洲移民。

非洲大概是全世界人才流失最嚴重的大洲。數十年來，許多最有才華、最聰明、最有抱負的公民，在動亂時期離開非洲，去歐洲和美國尋求庇護和機會。他們在國外開創新生活，很少有人回來。這些非洲人落腳全球，任何一個歐洲或美國城市，都有一個非洲區——小塞內加爾，或是迷你奈及利亞、衣索比亞和迦納。許多烏干達印度人在英國的萊斯特落腳，辛巴威人則把倫敦稱為「北邊的哈拉雷」（Harare North），因為許多辛巴威人逃離政治暴力和經濟不景氣，到倫敦尋求安全和發達的機會。

你如果不相信這些是非洲人最聰明的一群，那來看看美國二〇〇六年人口普查結果：在美國的奈及利亞人，三七％有大學學歷、一七％有碩士學歷，比美國其他任一種國籍都高。留在非洲的難民，通常是那些沒有辦法離開的人；到歐洲和美國的大多是中產階級，就算他們來的時候不是中產階級，在努力工作、取得學歷和專業之後，很快也加入中產階級的行列。

不過，現在發生了一個很不尋常的現象：這些非洲人開始回來了。海外非洲人回國是我們這個年代那些偉大但不為人知的故事之一，它代表情勢逆轉，也是非洲重生的重要因素。

但是讓我解釋一下，我父母親和我並不屬於這一群人，我們並不是因為英國經濟不景氣、非洲機會比較好而回來。我們回家是因為我的父母很想念非洲，儘管非洲有很多問題，他們還是覺得可以在非洲成功、為他們的家庭在這裡打造未來。

海外移民回流是截然不同的一回事。他們在二〇〇〇年初期開始回來，非洲那時有了新領導、經濟開始開放，願意從頭開始建設的人有了許多工作機會。但人口湧入非洲真正的高峰，是從二〇〇八年全球經濟衰退開始的，從那時起，人口移入有增無減。這是我們這個世代最諷刺的一件事：全球經濟蕭條對非洲來說，反而是個大好機會。

我在第三章裡提到非洲和西方世界的經濟息息相關，不過很令人驚訝的是，這次的全球經濟蕭條卻不是這樣。我們的經濟成長減緩但幅度不大，表示我們的經濟並不像大家所想的那樣依賴天然資源，隨著天然氣、石油、金子之類的商品價格波動，而是有真實的底子。那些在西方習慣了秩序、組織和透明化的非洲人了解這一點，他們開始在許多產業看到新機會——科技、金融、零售、旅遊、建築、製造業，甚至是政府機構。

促使這些人回來的真正契機，是西方面臨經濟停擺，他們的生活也遭逢打擊，如今在激烈的職場競爭下他們付不起養家費。而非洲代表的是龐大、尚未開發、最後一個充滿機會的邊際，有技術和點子的人，可以在這裡有所作為、建造他們的帝國、發大財，同時幫助一度是他們自己或父母出身地的大洲成長。

能在西方和非洲兩個世界間遊走，是這些移民的優勢，任何對非洲有興趣的投資人現在可以輕易地和這些非洲人合作。這些移民因為長年在國外居住工作，對倫敦或紐約等地方的商業文化有相當程度的了解，同時還保有非洲在地的人脈，他們兼具全球和當地的知識，對任何一個投資人來說都是無價的資產——這正是馬拉集團的模式，數百家投資公司也都是採用同樣的策略。

有些非洲人回國後擔任公職或是從事經濟發展。到二〇一五年三月的大選之前，奈及利亞的財務部長是哈佛畢業、曾在世界銀行擔任高階職位的戈齊．伊衛拉（Ngozi

Okonjo-Iweala）。她是我遇過最令人敬佩的女性之一，也是奈及利亞重新崛起的幕後推手。奈及利亞最近的工業、貿易和投資部長，是牛津大學畢業、曾在倫敦安永還有高盛任職過的阿甘軋（Olusegun Olutoyin Aganga）。

衣索比亞出生的米宓．阿立美歐（Mimi Alemayehou），是當今基礎建設投資公司黑犀牛集團（Black Rhino）的董事總經理，之前她曾擔任海外私人投資公司（Overseas Private Investment Corp）的副總裁多年，這是美國政府的開發金融機構。在海外私人投資公司任職的時候，阿立美歐下定決心要把海外的非洲人送回非洲。

我的朋友安妮．卡巴甘比（Anne Kabagambe）目前在非洲發展銀行（African Development Bank）擔任幕僚長兼總監，總部位於象牙海岸的阿比讓（Abidjan），之前還在華盛頓特區待了十幾年，我叫她「安姨」。她說：「海外歸來的非洲人是很有關鍵性和影響力的族群，也是非洲國內生產毛額令人敬畏的貢獻者。」

安姨是聰明的唐納德．卡貝盧卡（Donald Kaberuka）介紹給我認識。卡貝盧卡是盧安達人，目前擔任非洲發展銀行總裁的第二個任期。他在英國和蘇格蘭讀書多年，一直給予我事業上的支持和啟發。

對我而言，最激發人心的故事是在私人產業。那些大膽的創業家，拋下他們在西方國家的生活，冒著風險到非洲打造未來。這些人是先鋒、發明家、有遠見的人，他們激起了創業的火花，設下做事的標準。

我認為奈及利亞是世界上最有創業精神的國家，也因為它是國外移民數量最大的國家，今日更是非洲最大的經濟體。許多人已經回到奈及利亞，底下讓我來介紹幾位。

在拉哥斯內陸、安東尼村繁忙的阿帕帕高速公路（Apapa Oworonshoki Expressway）旁的一條小街上，有個警衛嚴密但不怎麼起眼的三層樓混凝土建築，它的水泥、油漆都剝落了。很難想像世界上最會創新的網路公司之一iROKOtv，竟然就在這棟樓的二樓。

iROKOtv是非洲的網飛。正如網飛改變美國媒體內容製造的過程，iROKOtv也在轉變非洲的電影業。iROKOtv是三十六歲的傑森．恩喬古（Jason Njoku）的傑作，他長相英俊、說話快速，在英國出生，並由他奈及利亞籍的母親在倫敦的政府補助住宅拉拔長大。

恩喬古在曼徹斯特大學（University of Manchester）主修化學，二〇〇五年畢業，但是他一直對商業感興趣。「我們家很窮，是藍領階級，所以我始終想賺錢。賺錢最快的方法是做生意，即使在念大學的時候，我總是會在課外做點小生意。」

大學時期他成立了一個推銷派對的公司、一本叫Bash的時尚雜誌，然後在二〇〇八年準備設立幾個部落格和網站，但這些計畫沒一個成功。到了二〇〇九年，他搬回倫敦跟母親一起住在政府補助公寓，他說自己是「徹底的輸家」。

當然，這正是他想出驚人新點子的時刻。他發現母親看電視的習慣變了，她以前看的都是英國的連續劇，但現在她是看諾萊塢的ＤＶＤ。這些ＤＶＤ是從奈及利亞進口而來，拆掉外盒後放在英國的非洲雜貨店裡販售，一片只要幾英鎊。ＤＶＤ的畫質很差，電影的內容也不怎麼樣，但是他媽媽很迷。和其他英國的奈及利亞人一樣，他發現可以在YouTube上看到切成每段十分鐘的諾萊塢盜版電影。雖然品質差，又違反著作權，這些影片還是有數萬次下載。此時，他想出了一個好主意。

他向大學死黨巴斯提恩·格特（Bastian Gotter）借了錢（格特現在是恩喬古的生意

合夥人），然後飛去拉哥斯，這是自從小時候母親帶他回奈及利亞一次之後，他第一次去奈及利亞。在拉哥斯，他去了阿拉巴市集（Alaba Bazaar），那裡把諾萊塢的DVD成箱成櫃地賣，接著他找上當地的電影製片商接洽，用現金向他們購買播放權。他花了一千美元購買兩百部片。回到英國後，他設立了一個叫Nollywood Love的網站，然後和YouTube合作，從YouTube收取廣告收入。

這個網站運作得很成功，但恩喬古很快就了解他無法留在遙遠的英國營運，他必須親自去奈及利亞駐點。這些電影是在奈及利亞拍的，他得待在那裡買播放權。於是在二〇一〇年九月，他收拾行李，搬到他母親多年前拋下的國土並成立iROKOtv。他並不知道結果會是如何，他也知道奈及利亞的生活不好過。「拉哥斯並不是一個像倫敦這樣的文明城市，甚至比不上其他非洲城市，像是開普敦或是奈洛比。拉哥斯的電力供應不可靠、交通一團亂，但是如果你只看負面的事情、抱持先入為主的成見，你沒有辦法在非洲打拼。」

結果恩喬古在非洲成功了。他是怎麼做到的？二〇一一年，美國一個科技部落格寫了一篇關於iROKOtv的文章，吸引到避險基金大戶老虎環球基金（Tiger Global Management）的注意；老虎環球基金是臉書的早期投資人。iROKOtv很快就募集到八百萬美元，蓄勢待發。不到六個月，iROKOtv便簽下了四千部電影的播映權，在倫敦、紐約和舊金山設立辦公室。接下來他們從YouTube下架，轉移到自己的雲端平台。

現在iROKOtv有五千多部影片和電視節目，消費者在美國可以花兩塊九毛九訂閱一天的收視服務，或是每個月七塊九毛九；為了吸引顧客，有些電影是免費的。iROKOtv沒有揭露他們的收入，但是他們已經從國際創投募集了兩千五百萬美元，表示其中一定有利可圖。因為非洲的網路頻寬還不足以下載電影，目前iROKOtv大部分的觀眾是居住在美國和英國的非洲移民，但是當光纖電纜時代抵達非洲時，iROKOtv已經準備好迎接非洲的觀眾。

iROKOtv也準備在奈及利亞電影業成熟時大賺一筆。雖然奈及利亞仍生產上千部便宜電影，現在他們也開始拍攝大成本、有深度的電影，比如倫敦作家畢怡．班德爾導演的《半個黃日》，還有康雷．亞弗拉揚（Kunle Afolayan）導演的《雕像》（Figurine），都在拉哥斯和其他非洲首都創下票房紀錄。同時，奈及利亞製片家也開始和國際演員合作，像是譚蒂．紐頓（Thandi Newton）、奇維托．艾吉佛（Chiwetel Ejiofor）和伊賽亞．華盛頓（Isaiah Washington）。要是不久的將來，好萊塢和諾萊塢一起合作拍片，我一點也不會驚訝。

iROKOtv位於二樓的辦公室，看起來像是紐約翠貝卡區（Tribeca）的科技公司。大約三十名員工在電腦前努力工作，把ＤＶＤ下載到電腦硬碟，並加上翻譯和修復音效問題。另一區的員工則是負責研擬播映合約，檢視數百部電影決定一個好價錢，以及分類電視播映權、網路播映權和機上播映權（達美航空和南非航空在非洲航線上有提供諾萊塢電影）。

許多電影製片都主動來iROKOtv兜售他們的作品，音樂家也是。恩喬古已經擴張到網路音樂，他成立iROKING，購買奈及利亞新手音樂家單曲的播放權，就和iTunes一樣。iROKING向音樂家買歌曲播放權，讓聽眾免費下載，然後從谷歌廣告上賺錢。

同時，如同網飛打破電視界的規矩，開始自己拍攝《紙牌屋》（House of Cards）之類的劇集，現在iROKOtv也開始拍片了。《貧戶》（Festac Town）是一部關於拉哥斯貧窮地區的電視劇，共有二十三集，另有兩齣電視劇也準備播出：《失去控制》（Losing Control）是類似美國《六人行》（Friends）的喜劇，還有一個關於作家經紀人的劇碼《毒餌》（Poison Bait）。iROKOtv旗下有諾萊塢和迦納導演，還有一個設備完善的攝影棚。

這一切都源自於一個奈及利亞移民，在他母親倫敦南區政府補助公寓的沙發上想出來的點子！

恩喬古並不是一個做白日夢的人，他很直接、說話切入要點、做事積極。他知道奈及利亞和他在倫敦的生活是天南地北，也知道在這裡做生意不容易。買電影授權有時很複雜，會碰到一些謊稱擁有著作權的人；在他親手訓練的員工裡，至少有一人離職去開自己的公司並如法炮製，變成他的競爭對手。但非洲現在是他的家了。他在二〇一二年娶了《貧戶》的女主角瑪莉．瑞米（Mary Remmy），格特是他的伴郎。結婚第二年的紀念日，他們開車橫越非洲去迦納旅遊。「她恨透了！我們再也不會再做這種傻事！」恩喬古笑著說。

這棟樓裡還有其他回國的海外非裔人。二〇一三年，恩喬古、格特和瑞米一起成立了投資新創奈及利亞網路公司的基金SPARK，現在持有十多個網路公司的股份，包括網路酒品公司Drinks.ng。它是由另一個從英國回奈及利亞的非洲人連瑞・亞金拉根（Lanre Akinlagun）創立，專門在拉哥斯供應企業活動、派對、夜店和電影首映會所需的高級酒品，像是伏特加、干邑白蘭地、威士忌和葡萄酒。身穿名牌西裝，高大、有自信、四十多歲的亞金拉根，看起來像是GQ雜誌裡的男模。現在每次回到英國，他都會很沮喪。「倫敦死氣沉沉，非洲比較有活力，我住在倫敦會很無聊。」

你如果想進一步了解iROKOtv、SPARK，或是倫敦奈及利亞人在拉哥斯的探險故事，你可以上恩喬古的網站和部落格「就是我，傑森・恩喬古」（Just Me. Jason Njoku, www.jason.com.ng），這也是歐卡弗常看的一個網站。恩喬古推出SPARK的時候，他在網站上發表了一段簡單的宣言：

我不是想要當投資人，也不想去做企業「育成」，我只是想成立一家能去創造更多偉大公司的公司。SPARK沒有社會目標，不抱持雅痞族的作風，只想給予那些有抱負、餓著肚子的年輕非洲人機會，去創造下一批價值百萬的網路公司。

想出好點子、著手實現，然後發大財，奈及利亞大概是世界上最後一個還能出現這種故事的地方。但最重要的是，你要先有好點子。

接下來我要介紹四十六歲的亞迪雷克・亞德尼怡（Adeleke Adeniyi），他的朋友都叫他「賣混凝土磚的」。當亞德尼怡在拉哥斯湖上維多利亞島時髦的麗笙安克拉治酒店（Radisson Blu Anchorage Hotel），與獅子山共和國出生、在美國受教育的電子工程師朋友亞力士・卡瑪拉（Alex Kamarra）喝著莫希托雞尾酒時，眾人的焦點都在他身上。

亞德尼怡喜歡跟別人說他是磚頭工，不過他其實有金融背景。亞德尼怡是土生土長的拉哥斯人，一九九〇年到美國讀經濟學。畢業後他留在美國進入金融業，在紐約、香港和舊金山做媒體暨電信業投資銀行家及摩根大通的副總裁，年薪高達六位數，有自己的房子，他的美國夢已經成真。「我以為我很厲害了。」他竊笑著說。「等我回拉哥斯看了以後，我才大開眼界。」

他發現那些沒有離開奈及利亞的朋友，到了二〇〇〇年代中期的時候，賺的錢和他在美國時一樣多，但是日子過得比他舒服。「以前如果我搬回奈及利亞，薪水和生活水準都得大打折扣。但是現在兩邊差不多，而且在奈及利亞我還買得起好車，可以僱用司機、褓姆和清潔工。在美國，你越是往上爬，年終獎金就拿得越多，但是你永遠都得工作，永遠都是公司的員工；在奈及利亞，我八〇%的朋友都是自己做老闆。所以我決定開始在拉哥斯找機會。」

宛如在沙裡淘金的礦工，他在拉哥斯市區開車閒逛時想到了一個好主意。「我忽然頓悟，奈及利亞的每一棟樓幾乎都是用混凝土磚建造。磚頭是一種固定規格的產品，只有六吋或九吋大小的磚頭可選，而一旦某個產品存在標準規格，就可以在工廠的生產線上製造。但是我發現奈及利亞所有的混凝土磚製造商都只是路邊的小茅屋，用一部小機器每天生產十塊磚，這實在很沒道理。這麼簡單又標準的產品，為什麼需要這麼多小店各自生產？從來沒有人大量生產混凝土磚，這實在是很不可思議。」

亞德尼怡因為有投資銀行的背景，他很會做分析。回到舊金山之後，他開始研究全球的混凝土磚產業。「每天下班回家後，不管時間多晚，我一定花幾個小時在網路上做研究。我和世界上每一個混凝土磚製造商還有製造做磚頭機器的公司聯絡，兩年之後，我對做磚頭的了解比世界上任何一個沒做過混凝土磚的人都多。」

他論定這個生意有賺頭。因為建築業開始蓬勃發展，大家都需要混凝土磚，市場需求已經存在，他不需要費很大的功夫才能說服買主。「我只需要說服大家，我的產品比較好、比較便宜，或是我的服務比較好。」

做決定的時候到了——他是要去拉哥斯做混凝土磚，還是要留在美國，繼續過著不真實的美國夢？他試著辭職，但是他老闆說服他多留一年。最後在二〇〇三年，他終於離開了美國。他買了一塊地、一些機器和一家工廠，然後開始在拉哥斯製造混凝土磚。

結果呢？現在他是百萬富翁，生意已經上了軌道，只需要在筆電上監管。他和老婆孩子住在有警衛派駐的高級社區，開的是最新的德國品牌汽車，沒事就去拉哥斯的自行車俱樂部Cycology（卡瑪拉也是會員）打發時間、發洩精力。他這輩子再也不需要工作賺錢。

當然，閒散度日不是奈及利亞人的風格，亞德尼怡已經找到下一個目標了：二十四小時市區內貨櫃箱大小的連鎖便利店，賣各式各樣的東西像是汽水、保險套、牙膏，就像7-Eleven。他的遠見讓他已經看到一家在非洲各地開店的公司，也註冊好公司的名字。亞德尼怡又點了一杯雞尾酒。「這實在是太簡單了，我知道這個生意一定會成功。」

海外非洲人回國有另一個不容低估的原因：責任感和想為非洲貢獻的決心。卡瑪拉是個四十多歲、打扮時髦、見識廣泛又有學問的紳士。他在獅子山共和國出生長大，二十多歲的時候到英國讀應用科學和電子工程，接著去了南加州大學，之後在加州一家半導體公司上班製造零件。「我們部門是以製造美國太空總署火星探測車需要的零件出名的。」他驕傲地說。

獅子山共和國至今仍是一個政治不穩的國家，卡瑪拉旅居國外十年之後，在二〇〇二年第一次回到母國。「我很喜歡那趟回家之旅。為什麼家是一個這麼特別的地方，實在很難解釋——或許是因為街上吵鬧的聲音、熟悉的味道，還是早上在附近路過的人群。這些小地方觸動我心靈深處對家的感覺，不管我已經離家多久，我知道這裡才是家。」

即使他很喜歡美國，到二〇〇〇年代後期時，卡瑪拉領悟到他可以為非洲做的事，遠大於他這輩子可以對美國的貢獻。「我能給美國的東西，有什麼是一個在中西部長大、懂棒球和籃球的美國人不能給的？完全沒有！但是我有非洲需要的才能和技術，我可以在非洲有所作為。」

卡瑪拉是一個「新泛非洲人」（new Pan-African）的例子。他在二〇〇〇年代後期搬回非洲，在盧安達和迦納電信業工作六年後，到奈及利亞擔任網路電器購物城Konga的營運長。

他現在跟上創業風潮，離開Konga後正計劃自己開公司。他斟酌著他的選擇，這本身便說明了一件事：這些有才華的海外非洲移民，因為有多年在美國的工作經驗，回非洲後有很多工作選擇，可以精挑細選。

「我在獅子山共和國一九九〇年代念高中時的同班同學，每一個都去了美國或英國。不過光是去年一年內，我就知道已經有十人回國。」卡瑪拉說。

場景換到麗笙安克拉治酒店一哩之外，高聳的拉哥斯全新洲際酒店（InterContinental Hotel）內華麗的大廳。SiNet Technologies創立人和執行長山姆・德吉・恩由濟康（Sam Deji Eniojukan）回家的故事不太一樣，他在拉哥斯出生長大，到印第安納大學（Indiana University）專攻電腦科學，然後加入ＩＢＭ做架構師從事軟體開發。「我負責過許多大客戶，包括底特律的福特汽車、休士頓一家科技公司，以及芝加哥的莎莉公司（Sara Lee）。」他在芝加哥住了幾年，但是想要跨足技術以外的領域，朝銷售管理和客戶開發方面發展，於是他在二〇一四年加入亞特蘭大的埃森哲公司（Accenture）。他有四十個客戶，包括希爾頓旅館和ＡＴ＆Ｔ，而且南方溫暖的氣候也比較適合他。

大約是這個時候，他在奈及利亞的朋友來拜訪他。看到他漂亮的大房子（他在佛羅里達的米拉瑪市〔Miramar〕也有買房），朋友跟他說想在美國置產。

「我記得我那時說，沒問題，我可以幫你們介紹人安排貸款。結果他們聳聳肩，說：『不用，我們付現金。』我簡直不敢相信他們有足夠的現金買房和買車！而且這些人的錢不是偷來的，在奈及利亞大家都知道是誰會幹那種事。他們是貨真價實的生意人。」

二〇〇八年金融風暴時，恩由濟康已經開始研究奈及利亞的商機並成立了SiNet Techonologies，提供他在ＩＢＭ和埃森哲時同樣的軟體服務，而且只收取一半的價碼。奈及利亞是他的下一個目標。「我領悟到自己拋下了一個需要努力開發、有龐大機會的大洲。如果回非洲，我會是獨特的人才。我為什麼要留在一個競爭激烈的環境呢？奈及利亞沒有人的本事及得上我。」

五年後，SiNet Techonologies是一家有三百個員工、提供無數個客戶科技解決方案的公司。在他設計和購買的軟體中有一個是雲端自動系統，可利用ＧＰＳ追蹤銷售員和送貨員的行蹤，送貨員也可以上傳貨物送達的時間和訂單內容到資料中心。奈及利亞最大的石油公司之一，就是使用這套軟體。

亞德尼怡、卡瑪拉和恩由濟康對奈及利亞一致的說法，正是我在一九九六年、早在經濟成長前第一次來到奈及利亞時所感受到的。奈及利亞的精力、活力和創業精神無人能比，如果我們能好好地加以利用，有一天可以改變全世界。卡瑪拉的說法非常貼切：「奈及利亞人是天生的創業家，創業基因從出生起就深深烙印在他們的骨子裡。在奈及利亞，連一個靠滑板行動、沒腿的乞丐都會相信他和比爾・蓋茲只差那麼一步。」

我也許不是像卡瑪拉和其他人那樣的海外非洲移民，但是奈及利亞的創業精神一而再、再而三地吸引我去那裡做生意。馬拉集團在奈及利亞最新的計畫是MJG Egi Glass，一個在奈及利亞東南部河流洲（Rivers State）的浮式玻璃（float glass）工廠。MJG Egi Glass於二〇一三年和巴基斯坦的Ghani Group、巴基斯坦的斯迪奇兄弟創立的JS Group，還有當地的Egi Community合資成立，是奈及利亞第一家浮式玻璃工廠。

過去奈及利亞所有的玻璃都是從歐洲、南美洲和中國進口，這個工廠估計將可以每天生產近五百噸的浮式玻璃，用途涵蓋建築用材到汽車修理。因為有河流洲豐富的原料，加上創始夥伴在產業上的知識和對當地的了解，我們對奈及利亞的經濟增長將會有很大貢獻。或許我們將來會被叫做「賣浮式玻璃的」。

到目前為止，我講的都是奈及利亞的故事，但是海外返鄉者各國都有。我之前提到烏干達的總統穆塞維尼，邀請那些被伊迪．阿敏驅逐出境的印度裔烏干達人回國，其中一個回國者是我們家的朋友蘇迪爾．盧帕爾里亞（Sudhir Ruparelia）。他的公司盧帕爾里亞集團（Ruparelia Group）如今在東非擁有克蘭銀行（Crane Bank），以及三百多個商業大樓和住宅大樓，包括一些最高級的旅館和渡假村。馬拉藉由「坎帕拉王國」（Kingdom Kampala）建案——這是在坎帕拉繁忙的商業中心區域，佔地十四英畝的一塊地——和盧帕爾里亞集團合作踏足休旅業。坎帕拉王國正在開發中，落成時將會有兩棟高樓，由五星級的國際飯店、購物中心、會議中心、現代化辦公室和商務公寓進駐。我們當年回到烏干達時在奇斯曼提租的小公寓，離這裡只有幾步路。

我們在坦尚尼亞（或許這也算是向我母親的家鄉致敬）有一個更大的房地產發展計畫，叫做Dar City，佔地二十四英畝，位於達累斯薩拉姆的高級地段牡蠣灣（Oyster Bay）。這個商業區是和坦尚尼亞企業家暨前政治家羅斯丹．亞澤（Rostam Aziz）一起開發的，將來會有一個五星級的旅館、購物中心、辦公室和公寓住宅。

我很清楚海外歸國非洲人的價值。我邀請紐約著名律師事務所「休斯哈伯德 &里德」（Hughes Hubbard & Reed）的合夥人、奈及利亞出生的碧雅翠絲．哈曼薩．貝西（Beatrice Hamza Bassey），來當亞特拉斯馬拉的法務長，管理我這個新金融創業公司的法務。她是哈佛法律系畢業生，也是休斯哈伯德 &里德事務所第一個非裔合夥人和第二個黑人合夥人，職責是在世界各地為客戶於美國及世界其他各地營運時，提供與美國海外反腐敗法（Foreign Corrupt Practices Act）相關的諮詢。她也是休斯哈伯德 &里德事務所非洲事業部的董事，為國際企業（包括眾多財星百大公司）代理在非洲事業的法務。

「早年我在休斯哈伯德 &里德的時候，非洲往往不會是投資者考慮的對象。」貝西說。「但是在過去十年內，尤其是最近五、六年，越來越多客戶試圖尋找可信賴的生意夥伴和他們在一起在非洲發展。對我來說，這顯然代表非洲是投資的大好良機。」

以貝西在休斯哈伯德 &里德事務所任職十八年的經驗，她可以輕易在世界上任何一個律師事務所或是財星五百大公司找到工作，但是她選擇了亞特拉斯馬拉。這是因為她的才能可以在我們這個平台上大有作為，而且此時正是加入我們最好的時機點。

「我在一九九〇年代中期離開奈及利亞時，我心裡想著總有一天要回去，但是在休斯哈伯德&里德的十八年，我都只是說說而已。然後這個機會出現了——我有機會從頭建立銀行，把投資帶進我的家鄉，我當然得身體力行。」

貝西現在代表亞特拉斯馬拉在非洲各地設立銀行內部控管系統，負責併購、法務和法令遵循相關事宜。「回家真好，看到這裡滿是精力、生命力和商業氣息，真是令人振奮。」她說。「我們正朝著經濟爆發前進。」

我還要介紹馬拉創新投資（Mara Ad-Venture Investment）的執行合夥人佩欣斯・瑪玲伯爾（Patience Marime-Ball）。馬拉創新投資是馬拉集團新成立的全球投資公司，提供極具潛力的女性和年輕創業家資金在非洲或是世界各地開創公司。它的企業理念和馬拉基金會目標相同，都是要培育和激發年輕和女性創業家。

瑪玲伯爾在辛巴威出生長大，後來去瑞士和美國讀書，並在華盛頓特區的國際金融公司（International Finance Corporation）做了很多年。任職期間她設立了一個前所未有的投資計畫「女性資助平台」（Banking on Women Platform），專門為開發中國家女性經營的企業發行債券、募資和搜尋私募基金投資人。

和貝西一樣，瑪玲伯爾也可以選擇去世界上任何一家公司，但是能加入非洲在地的公司，尤其是像馬拉創新投資這樣的公司，是一個很大的賣點。瑪玲伯爾說：「我很喜歡在非洲工作，但是我對馬拉創新投資的潛力特別有興趣，它會把我們非洲的成功散播到世界各地。」

在這一章的開頭，我提到那些和非洲沒有歷史關聯的年輕葡萄牙人搬到莫三比克的故事。這個現象已經擴散到其他國家和國籍：年輕美國人在盧安達開科技公司，德國人在奈及利亞投資農業，英國人在肯亞和烏干達開精品旅館。現在到任何一個非洲的首都，你都會看到年輕西方人正試著圓他們的非洲夢。他們在這裡開公司、賺錢、開創事業，他們是這個新非洲的一部分。

你有沒有注意到，其中有一個很微妙的文化轉移？我並不是說年輕西方人以前沒有來非洲，不過他們以前來這裡，大部分都是參與非政府組織（NGO）、救援機構或和平工作團（Peace Corps），是來這裡伸出援手的。如今他們來這裡是為了找工作、累積經驗，就跟當初非洲人去西方是一樣的道理。

我們很快地就會成為世界舞台的一員，大家敬請期待。

第 3 篇

未來曙光

9 我們終於有人領導

盧安達總統保羅·卡加米的臉上出現了一絲微笑，他說：「亞席士，那你說說看，你在電視上總是說著要當第二個去太空的非洲人，還說會帶一面烏干達的國旗。但是你和盧安達也很有淵源，不是嗎？你應該也要帶盧安達的國旗上太空！」

我回想起來二〇一〇年在達累斯薩拉姆的世界經濟論壇上，我和卡加米總統的對話，他邀請我到盧安達參觀。「你一定得來看看我們的轉變，我想你一定會大開眼界。」

事實上，我想去盧安達看看已經好幾年了。我和其他東非地區的人一樣，都聽說了盧安達驚人的轉變，從人間煉獄變身到如今被拱為非洲的新加坡。現在顯然整個盧安達都有寬頻，華爾街和矽谷的專家專程去盧安達做政府顧問，協助他們達成「將盧安達建設成金融和科技中心」的目標；全國各地都建了大屠殺的紀念碑，吉佳利紀念館（Kigali Memorial Centre）吸引許多觀光客前來敬弔。盧安達並沒有變成一個依賴國外救援的落魄國家，也沒有被過去的悲劇拖垮，反而是做了一件非常了不起的事：盧安達自食其力，成為東非其他國家的好榜樣。

說實話，我原本認為這些關於盧安達的故事，聽起來都太夢幻、很難相信是真的。這是因為我之前提過我在大屠殺中的經歷，我的父母、亞瑚蒂和我自己都親眼目睹過這個慘劇。任何國家都無法修復那樣一個瘡疤，何況是一個貧窮、沒有自然資源、身受百年殖民統治和種族暴力影響的非洲內陸國家呢？

然而，盧安達重新塑造自己，至今還是如此。

現在該是說出我們在一九九四年所見所聞，以及我們又是如何存活下來的時候了。我要訴說這段歷史，是因為我們必須了解一個有正確的願景、目標和領導的國家，可以在僅僅二十年之內，從絕望的深淵變成一個精力充沛、生氣勃勃、步上軌道的國家。待我描述完畢一九九四年時，有八十萬圖西人（Tutsis）和溫和派胡圖族（Hutus）在一百天內被屠殺的恐怖景象，然後再告訴你盧安達的今日面貌，或許你會對非洲的能耐有比較深入的了解。

不過，我還有其他的理由要訴說此事。最近幾年開始出現不正當的歷史修正。英國國家廣播公司向來是我很尊重的媒體，但他們在二〇一四年拍了一部紀錄片叫《盧安達：遺忘的故事》（Rwanda: The Untold Story），宣稱大屠殺的死亡人數其實只有二十萬人，而且胡圖族的死亡人數比圖西人多。當前多數人認可的八十萬死亡人數，是由聯合國、非洲聯盟（the African Union）、樂施會（Oxfam）以及盧安達國際刑事法庭（International Tribunal on Rwanda）大量採證下提出的估計。對那些在大屠殺中喪命或倖存的人來說，你能想像有什麼事情會比這番改寫歷史、抹煞死者的作為更侮辱人嗎？

紀錄片中還說，當年帶領反抗軍盧安達愛國陣線（Rwanda Patriotic Front）終結大屠殺的卡加米總統也有罪。它怎麼能把那些手段殘酷的兇手，跟卡加米這位結束大屠殺、提倡種族融合的盧安達新領袖相提並論？

在這裡我也要指出，盧安達在一九九四年恐怖的一百天中沒有得到任何外界的支援。「再也不會發生這種事了！」猶太人大屠殺（Holocaust）之後全世界都這樣說，但是當非洲發生大屠殺時，整個世界都袖手旁觀——其實更糟糕。聯合國撤離了和平部隊，而在胡圖族激進份子被盧安達愛國陣線打敗後，法國軍隊還護送他們逃到剛果東部。我認為盧安達政府可以理直氣壯地說，是盧安達愛國陣線終結了大屠殺，不該被人毀謗他們有什麼不對之處。

當然，除了這些原因之外，盧安達的現代化很合這本書的主旨：新興非洲崛起。在大屠殺之後，盧安達並沒有裝作無助的受害者，反而是站了起來，想出要如何在一個社會崩壞、欠缺自然資源的環境下，從創傷中恢復並發展為社會與經濟層面的成功案例。由卡加米帶頭的領導團隊有一個願景，他們有系統地為盧安達的未來設立目標，現在正在達成這些目標的路上。

我已經算不清有多少在肯亞、坦尚尼亞、烏干達和非洲別處的民眾跟我說：「我們為何不能有像盧安達一樣的領袖？我們想要追隨那種模式！」

讓我帶你回到當時的情景。

一九九四年四月六日，我從奈洛比飛到吉佳利，當時我還在奈洛比威斯特蘭德（Westlands）的聖瑪莉學校上學。那年我十三歲，到非洲才三個月，是個瘦巴巴的小男孩，在一個奇異新世界大開眼界。這是我第一次到盧安達，我父母和亞瑚蒂已經到那裡六個月了，在市中心開了一家電器用品店。

盧安達之前是比利時的殖民地，以「千山之國」著名，座落於東非大裂谷，夾在蒲隆地、剛果、坦尚尼亞和烏干達中間。首都吉佳利位在其中幾個山頭上，茅屋和搖搖欲墜的磚瓦屋散佈在飽受戰火洗禮的紅土丘上，偶爾有幾顆綠樹在其中點綴。這個城市又窮又擠，行人在路上亂走，根本分不清馬路和人行道。我來到這裡僅是短短的幾小時，就可以感覺到這裡不像我同樣住沒多久的肯亞那樣快樂有活力。話說回來，可以和家人相聚就已經讓我很高興了，畢竟我已經好幾個月沒有看到父母和姐姐，是個思鄉的十三歲男孩。

我記得那天晚上我們到吉佳利最高檔的千丘飯店（Hotel Des Mille Collines），在游泳池旁草地上一個有遮陽傘的座位吃披薩和薯條，身著制服、態度友善的侍者幫我們送上餐點，我們聊著多希望大姊羅娜也和我們在一起。我看得出來我父母很開心，他們生意興隆。父親之前身體不適，現在眼底重新展露光彩；母親則始終看來平靜、自信又美麗。流亡至英國二十年後，他們真的很高興可以回到非洲。

他們住在山丘上KN十四號大道上的一棟簡單的平房，那裡是中產階級住宅區吉米胡勒拉，盧安達國會在他們後上方的一哩外。晚餐時我們舉杯向人在倫敦的大姊致敬，吃飯中途我走到飯店前面的草地上，滿天繁星，腳下的山谷裡閃著火光，空氣聞起來就像是非洲：一種摻雜著剛剛修剪過的草地、雨水和柴火的味道。

大約晚上十點鐘左右，我們接到姑丈的來電，他已經住在盧安達很久了。

「杰格迪士，事情不大對勁，到處都是警察和士兵。市區裡擺滿路障，一定有什麼壞事發生了。」

他說謠傳盧安達總統被暗殺，在空難中喪生。謠言是真的，那天晚上八點二十分，在離我們不到五哩的地方，胡圖族的盧安達總統哈比亞里馬納（Juvenal Habyarimana）的座機在接近吉佳利機場時，被兩顆地對空飛彈擊墜，機上所有乘客都不幸身亡，包括哈比亞里馬納和蒲隆地總統恩塔雅米拉（Cyprien Ntaryamira）。

我們不知道該如何反應，我們當時並不了解盧安達的政治。姑丈說有宵禁，我們不能出門，於是我們沒有想太多就去睡了。

盧安達大屠殺——繼納粹猶太人大屠殺之後最殘忍的人類屠殺——在隔天早晨開始，那天是一九九四年四月七日。大屠殺是由胡圖族的激進分子策畫，他們反對少數民族圖西人。被炸彈和槍聲吵醒後，我們躲在屋內中間一個沒有窗戶的小房間，家裡的圖西族女傭和司機也和我們擠在一起，頭頂上火箭和子彈咻咻地飛個不停。後來我們發現有一批卡加米派的盧安達愛國陣線士兵，幾個月前基於雙方停火協議的內容，被派駐在我們家後面的國會大樓，盧安達政府軍正在轟炸他們。

一開始電話還打得通，整天電話響個不停，我祖母從英國打來告訴我們墜機事件的詳情，我們也打開衛星廣播來聽更多消息。隨著時間過去，情況越來越糟，我們開始聽到胡圖族激進分子大開殺戒的報導，圖西族和溫和派胡圖族在街上被開山刀砍死。我們聽得到遠方傳來的尖叫聲，槍聲日以繼夜。後來我們沒電了，母親點燃蠟燭，我們要上洗手間的時候，就拿著蠟燭爬到走廊的另一端。

第二天，連電話也斷線了。我們還是聽得到槍聲，於是繼續躲在小房間裡。那天下午，當大家都累到睡著的時候，我爬到客廳的窗戶往山谷下看。我看見一條蜿蜒的路接到離我們一哩外的山腳邊，路上滿是廢棄車輛和毫無生氣的屍體。我看見拿著開山刀和槍的一群人，在路上攔下一名母親，從她手裡奪走她的孩子；透過玻璃窗，我遠遠地看見她無聲尖叫。士兵們把孩子抓在手裡，像丟洋娃娃一樣往空中一拋，然後舉起手裡的開山刀。我全身緊繃又想吐，嚇壞地回到房間裡。我始終無法忘記我看到的那一幕，它永遠會烙印在我的腦海裡。

到了第三天，我們快要沒東西吃了。半夜時我們聽到很急的敲門聲，是姑丈來了！他和兩名朋友開著吉普車來接我們，假裝成紅十字會的救護車，上面還掛著白旗。我們匆忙地收拾了一些東西就跑上車。姑丈說女傭和司機因為是圖西人，不能一起來，否則要是在路障被士兵攔下來，他們就會沒命，但是我父母堅持要帶上他們。「要是士兵在房子裡找到他們，他們也是難逃一死，跟著我們比較安全。」

我們爬上吉普車急速飛馳，亞瑚蒂和我把頭壓得低低的。一路上車子顛來顛去、左閃右閃，因為車子必須開過或閃避路上的屍體。我們開回第一天下午去的千丘飯店，姑丈說那邊是城裡最安全的地方，少數留下來的聯合國部隊把飯店當成基地，為逃過屠殺的難民提供藏身之處。現在大家都稱這裡是「盧安達飯店」。

飯店裡有上千個難民，我們和其他十多個人同住一間房。大家在走廊上交流各式各樣的恐怖故事，許多人在述說他們看到的慘象時都是邊哭邊說。大家一起分著食物和水，但到了第五天，嬰兒食品和牛奶已經快要用盡，飯店裡的嬰孩開始哭叫。

我之前說過我父親是我的英雄，他是我認識最勇敢的人。我們聽說飯店裡有人的親戚躲在城裡的另一區，於是父親和姑丈開著假裝成紅十字會救護車的那輛吉普車，穿過市區去找對方。街上滿是腐爛的屍體，喝醉酒的軍人和國家發展革命運動派（Interahamwe）的民兵手持開山刀在路上四處遊走，目光紊亂有如僵屍。我父親還記得他找到那棟房子的情景：「我們到了地址所在，在門口喊著名字，卻沒有回應。我們又喊了一次，然後一扇門慢慢地開了，對方正是我們要找的人。然後隔壁的後門也開了，有另一個人，對街還有一個！他們都一直躲在這些房子裡，共有八個人從不同的房子裡跑向我們的車。我們想辦法把他們都載上車帶回飯店。」

後來父親想到，如果我們想逃離這個國家就需要護照，但是護照在市中心電器行裡的保險箱，於是他又開著吉普車出去。電器行的門被扯下，商品被洗劫一空，不過地上散落著數百罐雀巢牛奶。「一定是有人為了搶電器用品，只好捨棄牛奶！」

父親找到護照，撿起所有的牛奶罐，然後回到飯店。嬰孩們總算有牛奶喝，哭聲終於停了下來。父親還從店裡拿了另一樣東西：巴普導師的照片，我們一直很珍惜那些照片。

在飯店裡待了八天後，我們聽說有八、九十輛由聯合國部隊護送的一個車隊，要試著從飯店開去蒲隆地。我們沒有跟著去，因為我母親覺得不安全。我們不知道車隊最後有沒有安全抵達，但是我母親的直覺很靈，我們都聽她的。

目前我們聽不到外界的消息，因為電話全都斷線，那時也沒有手機。我們沒辦法和羅娜以及其他在英國的親戚聯絡，他們以為我們全都死了。

大約在十天後，比利時的軍隊終於把我們這群留在飯店的難民，帶到機場附近的一間法國學校，準備用軍機帶我們離開盧安達。我們試著說服女傭和司機一起來，但是女傭要去找她兒子，她和司機決定留在飯店。我們再也沒有見過他們兩人。

我們在法國學校待了兩晚，美國CNN的記者到那裡報導在學校避難的幾百個難民，我剛好出現在鏡頭上，穿著我已經兩個星期沒換的衣服——紫色的耐吉運動衫和牛仔褲。我那時不知道，但是羅娜在電視上看到我，知道我還活著。但是她沒有看到其他人，心情非常惶恐，以為他們都已經罹難了。

在法國學校待了兩天後，比利時的軍機把我們載去蒲隆地，終於離開了盧安達。留在蒲隆地三天後，我們又再搭機逃到奈洛比。大屠殺還會再持續七十天，直到卡加米的愛國陣線派掌控大局才結束。

過去十年內有兩部關於非洲並創下票房佳績的電影，竟然都是我父母親身經歷的恐怖事件。一部是由佛瑞斯特．懷特克（Forest Whitaker）飾演伊迪．阿敏的《最後的蘇格蘭王》（The Last King of Scotland），還有唐．其鐸（Don Cheadle）主演的《盧安達飯店》（The Hotel Rwanda）。我希望未來再也不要出現這樣的電影了。

很多人常常問我在盧安達飯店的經歷，還有我對電影中的英雄——飯店協理保羅．盧薩巴其納（Paul Rusesabagina）——的看法，我只能說我們這夥人都不記得這個人；但話說回來，當時飯店裡有上千個人。對我來說，那個時候我父親才是我們的英雄。

你大概會猜想，我父母兩度在非洲失去一切，這次差點連命都丟了，應該會認定非洲是個受詛咒的地方，連忙收拾包袱離開，不過你已經知道故事不是這樣發展。在奈洛比住了三個月後，他們回到烏干達，一個他們逃離幾乎整整二十年的地方。一年之後，我賣了第一台電腦，開始踏上做生意之路。或許他們終究做了正確的選擇。

經歷過像在盧安達發生的那種慘劇，會讓人一輩子無法忘懷。之後我一直很關心盧安達的動靜，隨著盧安達一再地超越大家的預期，我對盧安達的興趣有增無減。如我之前說的，我以為盧安達會變成一個落魄的國家，就像是迷你版的剛果，我相信其他國家也都是這樣想。但是盧安達的新總統卡加米，跟那些在其他非洲國家掌權、軍方出身的領袖很不一樣。

現代盧安達提倡「一個盧安達」政策，擺脫過去殖民統治時代種族分立的社會，沒有因為由圖西族主導政局就對胡圖族施以報復，而是鼓勵圖西族和胡圖族都稱自己為盧安達人。為了化解過去的糾葛，盧安達每年舉辦以「追思、統一、重新出發」為主題的紀念儀式（Kwibuka）。

但另一方面，那些兇手也必須接受審判，還受害人一個公道。二〇〇一年，盧安達設立了社區法庭體系「加查察」（Gacaca），專門用來審判一百多萬名被指控執行或是協助屠殺的嫌犯——如果照正常的法庭程序，審判這些人要一百多年！社區法庭由村落裡的長老主持，倖存者或是受害人家屬循制度在社區法庭上指控被告。被告可以直接認罪，若是不認罪，村人可以當證人指證被告，或是為他們的清白作證。這個體系是希望藉由社區的力量提供真相、公正與和解，同時也可以比較快地判刑或是宣告無罪。

在加查察制度下，被指控的人有二〇％被宣判無罪。沒有人認為這是個理想的制度，但是又有什麼方法是真正理想的呢？難道要讓法院花上百年來審判，不斷提醒大家那一百天的恐懼？對我而言，社區法庭是讓非洲重新發現在殖民時期之前曾經有過的民主和公正的開端。

從設立社區法庭的角度來看，盧安達是向歷史借鏡。不過在其他方面，盧安達可是在向未來前進。

另一個促進和解的傑作，是於二〇〇四年四月大屠殺滿十年時建立的吉佳利紀念博物館。它利用影片、相片和存活者令人心痛的口述，詳細地記載了大屠殺以及導致大屠殺的事件。它也解釋殖民統治和盧安達長久以來種族仇恨的關係。博物館由公墓、紀念碑，還有代表統一和寬恕的寧靜花園和瀑布構成。

盧安達紀念這個慘劇的方式十分打動人心，許多人從世界各地前來追悼。烏干達從來沒有對伊迪·阿敏執政時期發生的事情做個了結，盧安達這樣做十分明智。

我畢竟是創業家，在這些社會轉變發生的同時，我注意到另外一回事：到了二〇〇〇年代晚期，盧安達的經濟年復一年以每年八%的速度迅速成長；它的世界銀行經商環境報告（World Bank ease of doing business index）排名，從二〇〇八年的全球第一百五十名，跳到二〇一三年的第三十二名，是非洲的第二名。在各個發展和投資會議上，我開始注意到最傑出的講者都是屬於我們這個年代的新生代師子——活躍、三十多歲的盧安達人。

在卡加米邀請我去盧安達的幾個月之後，我終於在二〇一〇年底啟程，那是我在那段黑暗的日子後第一次回去。盧安達的變化十分令我驚訝，從那時起我開始定期回去。現在馬拉集團在盧安達有科技運作和客服中心，而且在二〇一四年，我的新金融創新公司亞特拉斯馬拉購買了我們現在持有三家非洲銀行裡的第一家：盧安達的BRD Commercial。

讓我稍微描述一下吉佳利，這樣你會對它的轉變比較有概念。

這個小小的現代機場入境大廳，不像其他非洲機場那麼擁擠混亂。移民官用來檢查入境旅客的科技，跟紐約甘迺迪國際機場用的同樣先進；整潔的淡藍色計程車在外面排隊載客去市中心，費用是固定的，沒有討價還價這回事。

我還記得一九九四年時，吉佳利的街道亂七八糟，到處都是坑洞。現在盧安達的道路像德國的無速限高速公路（autobahns）一樣順暢，大家都遵守交通規則，人行道和公園一塵不染。為了環保，盧安達政府禁止使用塑膠袋。

有些人認為這樣的盧安達感覺上有點太過於專制、缺乏個性，有些外派員稱吉佳利是「輕薄版非洲」（Africa lite）。但我之前也說過，非洲並不是單一國家。我個人喜歡多元化和差異性，能從坎帕拉或拉哥斯的狂熱和混亂，換個步調到有秩序和平靜的吉佳利，有時也是個解脫——這正是盧安達要達到的目標。

打從一開始，卡加米和他的顧問就了解到，像盧安達這樣一個沒有重要礦物資源、商業化農業或是任何主要收入來源的國家，如果要和其他國家在經濟上競爭，就得與眾不同。於是他們決定用新加坡做模範，要把盧安達建設成商業中心：一個科技先進、零貪汙的國家，促進私人產業的成長和吸引投資。想要在非洲開公司？來吉佳利，只要六小時就可以完成公司註冊。要在非洲辦會議？來吉佳利。要讓妻小在你去肯亞、烏干達或剛果談生意的時候，可以在安全的環境中休閒？來吉佳利。

拿盧安達和新加坡相比，或許是有點過頭了。吉佳利當然不像新加坡那麼先進或富有，它比較放鬆，幾乎帶著一點自有風格的慵懶。某位我認識的美國人，形容吉佳利像是非洲的波特蘭，是一個時髦的小小新創國家。這裡很乾淨，但也有蓬勃的咖啡文化，開了數十家專業咖啡店（並取了Bourbon或Neo之類的名字），裡面坐滿了有學問的盧安達人和外派員，在筆記型電腦上設計APP、設立新公司或是搜尋新的生意機會。

從二〇一一年開始，盧安達就已經全國使用寬頻，但是他們和南韓電信公司KT的合作計畫，將使九五％的人口在二〇一六年時收得到4GLTE訊號。這個國家的科技基礎建設比美國更好。所以大家稱卡加米為「數位總統」並不是巧合，他和許多其他盧安達政府官員都是推特的活躍用戶。

盧安達到處都有科技發展中心，Neo咖啡店旁邊就是一個時髦的育成中心Think，往前走是則是K-Lab（Knowledge Lab），這是一個專給年輕科技家免費使用無線網路、參加研討會和駭客松（Hackathon）的科技空間。K-Lab和美國聲譽頗佳的卡內基美隆大學（Carnegie Mellon University）在盧安達的研究校區，座落在同一棟樓——卡內基美隆大學在這裡做什麼？納許（Nash）是它的美國通訊部總監，他年紀輕輕，外表看起來像是谷歌員工。他認為一流的大學與盧安達的基礎建設及創業理念相結合，將使吉佳利成為非洲真正的矽谷。「如果你是希望了解非洲前景的創投家，你一定得來盧安達。」

盧安達目前也是到處都有建案。花費三億美元打造的盧安達吉佳利會議中心，主要場館是一個銀色的巨蛋，二〇一六年開幕後將會用來舉辦會議、展覽、節慶和文化活動。主館的隔壁則是五星級的飯店和科技園區。此外，各地都在蓋摩天樓住宅和高級旅館。CityBlue是一個時尚精品連鎖飯店品牌，由具肯亞和印度血統的英國公民創立；吉佳利色蓮娜旅館是一間高級的五星級飯店，有游泳池、會議中心和宴會廳，在門口還可以預約直升機航程，去盧安達的火山國家公園（Volcanoes National Park）看有名的銀背大猩猩。

至於我們一九九四年藏身的盧安達飯店（原名千丘飯店），現在是由高檔的瑞士肯平司其集團（Kempinski Group）管理。經過一番修整之後，盧安達飯店現在看起來很有格調又現代化，我第一次回去的時候完全認不出來。不難理解飯店裡完全看不到當年大屠殺或是那部電影的痕跡，但賓客還是可以在游泳池旁的草地上點披薩和薯條，也可以在一旁的棕梠樹下喝雞尾酒。火山、叢林、游泳池、日光浴和雞尾酒？別說盧安達是波特蘭了，如果這裡再加上一點海景，我還可能以為身在夏威夷呢！

這些成就是如何做到的呢？只有一個原因：領導力。盧安達從人間煉獄轉變成繁榮、都市化、科技先進的新創國家，幾乎完全歸功於一位有願景的領袖。

我說過我常遇到傑出的年輕盧安達人。其中一個例子來自亞特拉斯馬拉最近買下的BRD Commercial Bank，三十七歲的執行長貢德．布金果（Konde Bugingo）。他的妻子安琪．布金果（Angel Binta Bugingo）今年二十九歲，馬上要成為盧安達第一位波音七三七新世代商用客機的女性機長。盧安達政府各部門的副手幾乎都不到四十歲，他們有自信、受過訓練、隨時準備接班。

另一位傑出人士是三十五歲盧安達發展委員會（Rwanda Development Board）的營運長克萊爾．阿卡曼吉（Clare Akamanzi）。盧安達發展委員會於二〇〇八年創立，由優秀的法蘭西斯．加特爾（Francis Gatare）帶領，目標是要協助私人資金到盧安達投資，促進當地創業。在我回盧安達之前，就已經於二〇〇八年在烏干達認識阿卡曼吉，我們現在像兄妹一樣親。她二十七歲就當上盧安達投資促進局的副局長，投資促進局後來和其他七個部門合併成為發展委員會，提供所有私人企業在盧安達發展所需的政府服務。

「政府裡會有這麼多年輕人和女性，是卡加米總統精心策劃的，這樣我們才可以讓下一代有機會表現。不過這也是不得不為，因為很多老一輩人士在大屠殺中喪生。我們的想法是，只要你受過適當的教育，就算沒經驗也可以有機會來試試，一路上都會由較有經驗的長者從旁輔導協助。」阿卡曼吉解釋。

她描述盧安達政府是怎麼做到有紀律和有效率。「我們的表現都是以成果評量，大家都要為自己的目標負責。一年裡有好幾次業績考核，每個人都要簽一份卡加米總統親自簽名的業績合約。每年年初，總統會在吉佳利近郊的別館召集政府兩百位的領導者，一一檢討每一項重要策略，討論前一年完成的目標、決定這一年的目標。如果有未達成的目標，我們一起討論原因，想出解決的方法。」

在我看來，盧安達的公僕真的是為人民做事，而不是服侍大官。我聽說有一個盧安達的政府首長因為不願意接受機場的標準安檢程序，後來就被開除了。

阿卡曼吉最喜歡說的故事，是盧安達如何於五年之內，在世界銀行商業環境報告上從第一百五十名躍升第三十二名，這對盧安達在二〇二〇年以前成為中產收入國家的願景十分重要。「二〇〇八年報告出爐的時候，我們排第一百五十名。總統把我們叫去開會，詢問為什麼盧安達排這麼後面。我那時二十八歲，我記得我答覆總統：排名在前的都是經濟發達的先進國家，我們沒有辦法相比。

「他的回答我記憶猶新。他跟我說：妳不能這樣想，不然妳一輩子都成不了大器。我要妳去研究我們需要怎麼做，然後告訴我要做什麼。不要給自己設限，我們該做什麼，就去做什麼。

「我們接著和世界銀行的官員會面討論，他們列出所有要做的事項，內容繁瑣複雜。第一件事是我們得修法，因為我們的法律是在一九六〇年代修訂，官僚習氣濃厚。我們必須更新多達十四項法規，包括公司法、安全交易法、公司清算法，幾乎所有商業相關的法令都得修改，例如要立法保障小股東的權益。我們把這個冗長的名單給總統看，他說：『太好了，咱們開始動手吧！』之後他讓所有法規修訂都順利通過議會程序，一年之內我們的排名就從一百五十名前進到六十七名！

「接下來我們得削減官僚制度。那時候在盧安達開一家公司，你得花好幾個星期去跟十個不同的政府部門打交道：從這裡拿表格，去那裡付費，拿收據到稅務部，再把收據拿去法院，等法院公證。整個過程最多要花十個星期，成本也太貴。所以我們決定把所有的程序整合到一個部門底下，也就是盧安達發展委員會。

「不管是本國人或是外國人，我們設計的流程讓想在盧安達設立公司的人，只要到發展委員會就可以一次辦好，我們也加快了註冊的速度。現在都是在網路上辦理這些事宜，假使你像大部分郊區的盧安達居民不會用電腦，我們還有專人協助你走完整個流程。發展委員會在各個鄉鎮都有辦事處，你不需要專程到吉佳利辦理。若要為村落裡的計程車公司或是農場上的咖啡烘焙廠做登記，在當地的發展委員會服務中心就可以辦好。我們為自己設了一個目標，要讓大家能在六小時內完成公司註冊手續。結果呢？如今在盧安達註冊公司，真的只要六小時就可以辦好！」

我親眼目睹過這個流程，真的很厲害。往來非洲各地的人們也都注意到了，想把東非做為營運重點的公司，許多都選擇在盧安達註冊。

在二〇〇八年經商環境報告出版的五年之後，盧安達的排名跳到第三十二，之後始終維持在在前五十名。「有幾年我們排名在印度、巴西、法國和西班牙之前，我以前萬萬料想不到會有這種事。」阿卡曼吉說。

盧安達的發展當然還有第三步：升級基本建設，降低商業成本。這也是為什麼他們要蓋會議中心、科技中心，廣鋪4G訊號、造新路，也增添各種建設。盧安達的目標是要建立非洲最好的基礎建設，達成它二〇二〇年的願景，向中產收入國家的地位躍進。

我打賭他們一定做得到。就像《頁岩》網站（Slate.com）二〇一三年刊登的一則報導：「由歌手波諾（Bono）共同創設的遊說團體「ONE反貧運動」（One Campaign），認為盧安達是最接近聯合國千年發展目標（Millennium Development Goals）的國家……在兩性平等上，盧安達下議院的女性議員高達六四%，比例是全世界最高的。」[1]

「當你沒有什麼份量的時候，表現比大家預期中來得好並不難。我們的資源有限，不像其他國家可以浪費或是坐視資源被竊取，所以我們一定要好好利用我們僅有的資產。」卡加米說。

有些國家把政府視為解決一切問題的組織，但是卡加米的想法是要把私人產業發揚光大、引進投資。「我們認為政府的角色是提供私人企業所需的服務，使他們能促進經濟成長，這樣對我們雙方都有利。」

你大概看得出來我很替盧安達說話。或許是因為經歷過大屠殺時期，我和盧安達很親，我對它達成的轉變非常驕傲。但這同時也是因為為我看過其他有更大潛力的非洲國家，卻沒有下足夠的功夫去發展、成長、幫助它們的人民。

沒有一個國家或是領導人可以避免批評。你大可去批評盧安達和卡加米總統，但是我也要請教你，世界上還有哪個國家可以做到盧安達在短短的時間內達到的成就？

因為之前敘述的種種原因，目前為止我在這一章裡講的都是盧安達。其他國家的領導人呢？那些國家又在經歷什麼樣的轉變呢？

我的回答是：「非洲有許多很英明的領導人，只是他們通常不是去做總統。」

這個現象已經持續很久了。坦白說很慚愧，非洲實在沒有幾個好總統。除了曼德拉之外，你說得出另一個獨立後的好總統嗎？大概沒有。或許可以算上迦納的恩克魯瑪

（Kwame Nkrumah）總統，但他在一九七二年過世了。長久以來，非洲的領導人都是施行暴政的強人，掌權久久不放。他們比較關心自己的瑞士銀行戶頭，不怎麼在乎人民的生活。

但是，這方面也開始轉變了。

曼德拉激勵非洲走上一個新方向。他在一九九四年取得政權後，做了一件很了不起的事：他不僅是口頭提倡種族和解，更是身體力行。接著在一九九九年，把曾經種族分裂的南非統一後，他自願下台。這件事引起了非洲各地的注意，尤其是新生代，他們無法理解為什麼老一代的可以容忍沒有政權交替的政府。里查・道登（Richard Dowden）在他有名的歷史書《非洲：變革的國度，平凡的奇蹟》（*Africa: Altered States, Ordinary Miracles*）中指出，曼德拉的抉擇廣受好評。「那些不願意接受民主、或是操縱民主的領導人，也都被迫跟著下台。」[2]

並非所有的領導人都仿效曼德拉的作法，但是一度司空見慣的強人或獨裁者，現在已經成為例外。

我之前提到，非洲五十四個國家中有二十五個施行某種程度的民主政治。二〇一二年有二十二個國家舉行選舉，其中有些甚至在電視上現場直播競選人辯論。就像世界上的其他國家，在不久的將來，現場直播辯論終究會在非洲普及，儘管這個景況在一九九〇年代都還是非洲人無法想像的。

許多地方的民主進步停擺了。肯亞在二〇〇二年選出改革派的吉巴基總統，但是六年之後，由於民眾相信吉巴基在選舉中作弊，抗議選舉結果，整個國家陷入暴力種族衝突。不管怎樣，吉巴基真的有進行改革，有遠見的資訊和通訊部長恩迪摩博士就是他任命的。恩迪摩實施的政策促進了行動通訊革命，提倡開放原始碼（open source）資料系統，並鋪設光纖電纜，把整個東非都帶往了一個新階段。恩迪摩現在已經離開公職，在奈洛比大學教創業和研究方法。我希望他的學生會繼續他的改革。

奈及利亞的故事也差不多。歷經數十年軍事統治之後，第一個民選出來的奧巴山約總統也遭受批評，但是他打擊貪污，幫奈及利亞僵化的電信業轉型。奧巴山約促進私人產業成長，說服海外非裔人回來從商或從政。

同一時間，在不遠的迦納，失去民眾信心的領導人下台，贏家取得政權，民主政治成為主流。迦納擁有豐富的石油資源，過往很多領導人因此利用權位圖利自己。可是即使在這樣的國家，民主政治還是萌發了。

擁有豐富資源也可能有完全相反的發展。非洲南部的波札那，時常被稱為「非洲的瑞士」，現在它正式成為中產收入國家的一員。這大多要歸功於它的領導人利用豐富的鑽石礦脈和叢林探險旅遊，為所有人民帶來財富，而不是只照顧上層階級。波札那的中央銀行總裁麗娜．穆哈魯（Linah Mohohlo）是該國經濟轉型和升級的功臣。

女性在這個非洲的轉變之中，扮演了很重要的角色。

勇敢帶領賴比瑞亞對抗伊波拉病毒的瑟利夫（Ellen Johnson Sirleaf）總統，在女權上的成就使她獲得二〇一一年諾貝爾和平獎。在她的領導下，賴比瑞亞已有十年之久的和平，對一個戰亂多年的國家來說非常不簡單。另一位諾貝爾和平獎得主是已經逝世的肯亞女權運動家和社運分子瑪塔伊（Wangari Muta Maathai），她帶起肯亞的環保運動，啟發了許多東非的國家。奈及利亞前總統喬納森（Goodluck Jonathan）幕僚之一的電信部長奧莫波拉．約翰遜繼續她驚人的科技業改革。還有備受崇敬的曼德拉遺孀、人權家「馬契爾大媽」，她是全非洲女性力量和勇氣的支柱。

我的朋友Celtel創始人莫．伊柏拉罕是說到做到的人。二〇〇六年，他設立莫．伊柏拉罕基金會，專注在非洲議題上，提倡正當的監管。二〇〇七年，基金會推出伊柏拉罕非洲領袖成就獎（Ibrahim Prize for Achievement in African Leadership），每年提供五百萬美元獎金給帶領國家和人民脫離貧窮的前非洲領導人，這是世界上領導相關獎項裡面獎金最多的一項。二〇一四年的得主是納米比亞總統波漢巴（Hifikepunye Pohamba）。伊柏拉罕非洲領袖成就獎改變了格局，獎勵傑出領袖，並啟發更多偉大的領袖。也難怪時代雜誌把伊柏拉罕封為世界上最有影響力的名人之一。

奈及利亞啟發人心的阿里科．丹格特設立了丹格特基金會，捐獻數億元幫助解決各項問題，涉足從教育到救災。二〇一二年，他和蓋茲夫婦合作在奈及利亞根除瘧疾。這個基金會也是幫助奈及利亞在二〇一四年對抗伊波拉病毒的主力。

我另一個朋友，辛巴威生意人斯特夫．馬西伊瓦（Strive Masiyiwa）和他的妻子西西（Tsitsi），設立了崇高生命基金會（Higher Life Foundation）；他們倆的公司Econet Wireless和辛巴威政府糾纏多年才拿到行動電信執照。基金會捐獻數億元給非洲的學校，提供多項獎學金，資助非洲各地醫療、農業相關的計畫。還有我的好友奈及利亞商人東尼·伊盧米魯（Tony Elumelu），他的伊盧米魯基金會專門促進非洲私人企業的成長。另一個打動我的公益慈善機構，是我朋友——美麗而且在南非出生的好萊塢演員莎莉·賽隆（Charlize Theron）——設立的莎莉·賽隆非洲拓展計畫（Charlize Theron Africa Outreach Project），透過贊助社區中心讓非洲年輕人遠離愛滋病。我以身為她的基金會的顧問為榮。

這只是一小部分的例子。非洲有許多像這樣由非裔創業家設立的慈善基金會，這些創業家不僅回饋社會，他們也幫助建設新非洲，帶給馬拉基金會許多啟發。

當然一小群億萬富翁無法獨力回天、改變整個非洲。就像我之前說的，光是開工廠並不會解決失業率的問題，非洲民眾自己一定得要有推動改變的能力，這也是為什麼我要以非洲領導團（African Leadership Group）的偉大願景來做本章的結尾。他們的使命是培養、造就非洲的新領導人，目標是上千個──不，讓我改口，是數十萬個新領導人。

非洲領導團是我朋友阿查．利可和佛萊德．斯瓦尼克建立的多層級組織的集團名稱。我之前在第七章裡提到每年舉辦非洲創業獎的非洲領導會，就是它的旗下組織之一。但是早在他們成立非洲領導會之前，於二〇〇四年，利可、斯瓦尼克和其他兩位同事便成立了非洲領導學院（African Leadership Academy）。這是一所私立高中，精選三百位從非洲各地挑出來的學生，教導非洲學、道德、創業領導和其他重要科目。

利可解釋他們當初的發想。「我們那時被麥肯錫派到奈及利亞工作，發現很多奈及利亞人把小孩送到美國的寄宿學校。大家都知道非洲之所以失敗是因為缺乏領導，這大概是由於有潛力當上領導人的才子都被送去國外了。我們可以呆坐在這裡，希望有一天新領袖會自己出現，或者我們可以積極地創造新一代的領導來帶領大家。於是我們設立了非洲領導學院。」

非洲領導學院在二〇〇八年開始招生，提供高中三年教育，現在有三百個學生，每年收一百個新生。學費要兩萬五千美元，每年的申請人數有三千到四千人，八五％的學生都是拿獎學金的。那個造風車發電的男孩威廉・坎寬巴，就是拿獎學金從這裡畢業的學生。

非洲領導學院的學生不只上一般的課程，他們也在校園裡創立和經營公司，例如行動銀行、美容院、雜貨店和農場，並參加社會公民計畫和研習道德課程。學校會挑選學生代表到重要國際活動演講，像是達沃斯或是世界經濟論壇；世界各地的政治和商業界的領導人，也會受邀到學校演講或授課。我很榮幸被邀請到他們二〇一四年的畢業典禮上致詞。

非洲領導學院和世界上最有名的一些大學設有合作計畫，學生畢業後可以到牛津大學、史丹佛大學、哈佛大學、麻省理工學院、耶魯大學、普林斯頓大學、杜克大學、康乃爾大學和布朗大學等地就讀——條件是，從那些大學畢業之後，學生要回非洲工作。

第一屆非洲領導學院的學生大學畢業之後，回國率是六五%。不過，何必再冒這種風險呢？

因此非洲領導團開始了下一階段的大膽措施：釋放非洲領導力（African Leadership

Unleashed）計畫。本計畫由斯瓦尼克主導，目標十年內在非洲成立二十五所大學，成為非洲的常春藤聯盟（Ivy League），每所大學收一萬個學生。第一所大學已經在模里西斯（Mauritius）開始招生。

釋放非洲領導力計畫的用意，是要把非洲領導學院的概念和模式擴展到高等教育。等二十五所大學都成立的時候，每四年非洲就會有二十五萬受過商業、監管、道德、社會政策、醫學和藝術教育的年輕非洲人進入職場。在這些年輕人當中，將會有人脫穎而出，成為非洲新一代的領導人。

斯瓦尼克說：「今天非洲有數十萬名大學畢業生，但他們沒有足夠的能力帶領變革。大學畢業生的失業率高達四五％，這真的是很悲哀。我把非洲領導學院的模式用到高等教育上，就是要扭轉這個局勢，提供年輕人將來成功所需的重要技能和領導經驗。」

在二〇一四年里約熱內盧TEDGlobal的動人演講「摧毀非洲的領導人，以及重建非洲的新世代」（The Leaders Who Ruined Africa, and the Generation Who Can Fix It），斯瓦尼

克宣布了這項計畫。他的演講至今已有超過一百多萬次下載，是非洲新世紀鼓舞人心的有力宣言。

10 要貿易，不要援助

我當時只有三歲，但我對〈他們知道聖誕節到了嗎？〉這首歌的記憶猶新，好像昨天才聽到一樣。一九八四年，鮑勃．葛多夫、波諾和其他一些英國搖滾樂明星，為了響應援非聯合樂團發起的救濟衣索比亞饑荒活動，一起錄了這首歌。一九八五年，以同樣的慈善名義，他們在溫布利球場（Wembley Stadium）舉辦了一場盛大的演唱會「拯救生命」（Live Aid）。

歌曲的開頭是這樣的：「今年聖誕節非洲不會下雪，他們唯一的禮物是生存的機會。」

我那時太小，根本不知道這聽起來有多荒謬誇張。我只是很喜歡那個曲調，就算到了今天，要是我聽到這首歌，還是會跟著唱。但你如果在一九八五年問我父親對這首歌和「拯救生命」活動的看法，他可能會說出每次他想起非洲時都會說的話：「有這麼豐富的資源、這麼大的潛力，真的不應該是這樣。」

回顧起來，援非聯合樂團和拯救生命活動開啟了後續的趨勢：足足三十年，搖滾樂星和名人帶頭鼓動其他人捐錢給饑荒中的非洲人民。

他們成功地達到這個目的了嗎？許多書籍和文章聲稱他們帶來的災難比好處多。那些送去衣索比亞的食物，最後是落到殘酷的獨裁者門格斯圖・海爾・馬里亞姆（Mengistu Haile Mariam）的軍隊和支持者手裡。衣索比亞之所以有飢荒，馬里亞姆推行政策的罪過比乾旱還大。但是援非聯合樂團只是開頭，接下來還有很多由名人帶頭的慈善活動。二〇一四年葛多夫召集另一群音樂家重新灌錄〈他們知道聖誕節到了嗎？〉，這次是為了募資對抗伊波拉病毒。

批評這些一片善意的人，我心裡其實很過意不去。我也相信在世界每個國家提供緊急救援、慈善和公益，是為所應為、有人性的措施，也是必要之舉。但是西方組織性的救援政策，反而對非洲造成了數十年的災難。我們可以輕易為此嘲笑這些演員、明星和搖滾歌手，但是富裕國家長年把非洲當成一個沒有希望的慈善計畫，這對非洲帶來的傷害遠比這些名人引發的規模更大、後果更嚴重。

過去六十年，非洲估計收到超過一兆美元的救濟金。這麼大一筆錢，最終是為了什麼？沒有人能說這些錢幫助我們建立了良好的政府制度、強化我們的公共機構，或是促進經濟成長。我們捫心自問，同樣的時期裡，中國拿了多少救援？一毛都沒有。而今天世界上最大經濟體是誰？沒錯，就是中國！

第一、捐贈要有目的

救援的模式不但餵養了非洲貪腐的統治階級，也免除了他們為自己國家創立民主制度和建造基礎建設的責任。如果可以坐收免費的金錢，何必自力更生？這個模式也養成了非洲難以根除的依賴性。但最糟糕的是，在名人帶動的救援慈善活動和組織下，各界媒體把非洲描述成一個悲慘的世界。

道登解釋了這個過程：「一九九〇年代早期，許多救援機構僱用年輕貌美的女性去災區當新聞代言人，在電視上露面募款。十年之後，他們的手法更進一步，請名人到這些地方，讓媒體跟著搖滾歌手或電影明星，拍攝他們在難民營裡訪視、擁抱飢餓的兒童、呼籲大家捐助。這一招對救援機構來說很管用。『拯救非洲嬰兒』是當今很重要的議題，但它也變成世界上其他國家看非洲的切入角度。」[1]

救援機構和捐款團體標榜著「把錢交給我們，讓我們幫助飢餓中的非洲」，許多國家一口答應。但是他們這樣說不僅是在誤導大眾，根本就是錯誤的。

事實上，印度的窮人比非洲還多，我在印度親眼見過會嚇壞非洲窮人的景象。但是我們並不認為印度是需要救援的國家，不是嗎？西方國家並沒有給印度數十億的救濟金。而印度就跟中國一樣，在沒有西方的資助下，成為世界上重要的經濟體。你看出這其中不對勁的地方嗎？

將非洲視為一個需要施捨的絕望大洲，也在經濟上產生了重大的負面影響。如果你聽到的都是貧窮、饑荒和戰爭的故事，有哪家公司會願意到非洲投資？

我的重點是，我們必須停止看不起非洲，別把非洲當成需要救援的受害者。與其給我們救濟金，不如和我們貿易往來，買我們的產品、來非洲投資，如此西方和非洲會兩相得利。

非洲於二〇〇〇年之後興起並非巧合，那時我們已經開始推動減少救援、加強多方貿易。我是世界經濟論壇全球非洲議題委員會（Global Agenda Council for Africa）的成員之一，我們的目標是設定非洲的新方向。一九九六年，在達沃斯的會議上，關於非洲的議題是如何增加非洲救援；從二〇〇〇年開始，議題轉變成如何增加與非洲的貿易往來。而現在我們要將議題導向：「非洲要什麼？非洲想要如何達成這些目標？」我們現在可以自己定規矩。

這個轉變的其中一個原因，是一般老百姓注意到西方紆尊降貴、心懷救援非洲的態度，他們不想再被這樣對待。但他們並沒有用怨恨或是氣憤的舉止拒絕西方，而是用一種微妙的方式展現非洲人新發掘的自信和自尊。

我們來看看衣索比亞流行服飾名牌Sawa Shoes的例子。他們做的鞋子很漂亮：復古風、街頭風的時髦皮鞋，或是用上牛仔布和麂皮，全在非洲製造，然後在紐約的J.Crew

服飾店以及巴黎和東京最酷、最新潮的精品店銷售。這些鞋子上都印著「非洲製」，他們的網站（sawashoes.com）上清楚寫著公司的使命：

我們都聽過非洲的美麗故事——叢林之王金剛和他心愛的女孩一起爬上紐約高樓大廈的頂樓，喊著hukuna matata！

但是我們也別忘了大人的故事，包括國際貨幣基金（IMF）的超級英雄、世界銀行的善心人士，還有相信非洲的奇蹟正要開始、總有一天會起飛的著名經濟學家。這個世界熱愛非洲，為非洲歡唱，為非洲提供筆、衣服、車子……如果有一天非洲下雪了，有人會送我們冬衣和滑雪板嗎？「Sawa計畫」跟那些大品牌所謂的善意不同，沒有藉非洲的名義來表揚自己。

Sawa是一個接受挑戰、在非洲製造鞋子的時尚品牌，所有的附加價值都回歸非洲。Sawa有勇氣發表自己的看法和行銷決定。

我們時時聽說地球的氣候變遷越來越奇怪。當非洲真的下雪的時候，我們將會製造最棒的雪靴和滑雪板！

仔細看看這句話：「Sawa計畫」跟那些大品牌所謂的善意不同，沒有藉非洲的名義來表揚自己。這句話講得直截了當。他們用諷刺的口吻闡述事實——我們是生意人，不要可憐我們，而是和我們做交易。請因為我們的鞋是好鞋而買。

另一個非洲拒絕西方憐憫的表徵，是二〇一二年在南非拍攝的一個音樂錄影帶，已經在YouTube上有兩百萬次下載。那是一首為「熱力救援」（Radi-Aid）活動錄製的歌曲，用來嘲笑拯救生命活動、援非聯合樂團，還有其他所有名人推動的援助飢餓非洲的活動。演出內容是十二位非洲音樂家請非洲同胞捐錢買暖氣，去幫助快要凍僵的挪威人度過酷寒的北歐冬季。

旁白是一個看來憂心忡忡的流行樂明星，隔著霧茫茫的窗戶看進一個被雪覆蓋的房子，房裡是一個金髮的挪威家庭擠在火爐旁取暖。「非洲同胞們，我們必須把暖氣送到那裡，散佈陽光、分享溫暖、傳播歡笑。」他吟唱著。這個笑話很容易懂：不要再想著非洲是一群需要憐憫的無助人士，如果我們也這樣對你，你肯定會覺得很荒謬。

最讓我感興趣的是敘事的角度變了。現在非洲開始興起一股諷刺、不在意政治正確的反動風潮，抗拒無知的西方把非洲描繪成需要解救的受害者。

如我之前所說，我並不反對慈善和公益，那是必須的正義。但是在捐贈的背後，一定要有目標、重心和制度。我喜歡這麼說：「捐贈要有目的。」過去那種送救濟品過來非洲，以及藉由拍攝飢餓的非洲兒童促使觀眾悲天憫人地捐款，這種募集救助金的模式已經結束了。以我個人角度來看，那種作法無異於竊取我們的天然資源，一樣是在剝削非洲。

這就是為什麼馬拉基金會的目標是要使創業家有能力。我們提供年輕創業家輔導、建議和資金去設立公司，讓他們能創造收入、僱用其他人，因此可以讓更多人民受益。同時，其他大型的公益事業為斷絕非洲的瘧疾、小兒痲痺付出龐大的努力，例如比爾和瑪琳達．蓋茲基金會和丹格特基金會一同合作。他們專注在一個嚴重的問題，準備長期奮戰，而且已經開始看到成效。

蓋茲基金會於二〇一二年在奈及利亞建立的小兒麻痹緊急指揮中心，在二〇一四年七月一位感染伊波拉病毒的賴比瑞亞人抵達拉哥斯時，幫助奈及利亞的醫護人員成功地避免伊波拉在拉哥斯爆發。像這樣的救援，有一個確切的目標：打擊瘧疾、小兒麻痺或是其他傳染病。雖然我相信為人民的健康和醫療需求負責是非洲政府的責任，但即使是最富裕的國家，有時還是必須藉助資源、訓練和知識來化解危機。

救援的問題出在沒有預設目標，只投入資金卻沒有設定結束的條件。從來沒有哪個國家因此發達，這種作法只是為捐贈者帶來滿足感而已。

第二、中國症候群

讓人驚訝（也有悖常理）的是，中國於二〇〇〇年代初期在非洲的迅速擴張，促進了西方國家轉換對非洲的政策，從援助變成貿易。一九九〇年初期，柏林圍牆倒下、蘇聯解體，冷戰時期結束，西方的資本捨棄了非洲，轉向之前未開放的東歐和亞洲市場。幾乎在一夜之間，非洲失去了兩個最重要的金主。和平並沒有如大家預期中到來，反而是混亂四起。

中國此時趁機而入，和非洲各國政府簽下貿易協定。他們在非洲的成長和影響力十分驚人。弗倫奇（Howard W. French）在《中國的第二個大洲：百萬移民如何在非洲建立新帝國》（*China's Second Continent*）[2]這麼說：「從二〇〇〇年到二〇一二年之間，中國和非洲的貿易額增長了二十多倍，上衝到兩千億美元，比美國或任何西歐國家和非洲的貿易額都高多了。」該書是解讀中國在非洲發展最深入的書籍之一。

現在移民至非洲工作、定居的中國人，估計超過了一百萬人，而且隨時隨地都有更多人加入行列，這個現象被稱為「新式殖民統治」。不可否認中國給非洲帶來了剝削當地勞工、環境破壞等問題，但是中國對非洲造成的正面影響，遠超過西方媒體和政府所能理解的程度。

中國不是採用援助的模式，而是利用貿易。他們在非洲從事建設：馬路、工廠、橋樑和醫院，以換取他們龐大人口所需的資源。這不是救援，而是貿易。中國並沒有強迫非洲為他們做事，而是非洲政府邀請他們過來，在非洲自己開的條件下和中國往來。更進一步的是，中國的投資和其他動能一起為非洲的復甦添上柴薪。

道登指出這種景況中很明顯的諷刺意味：「當西方的資本主義者還在把非洲當作需要救援的大洲時，共產國家和前社會主義國家（像是中國和印度）反而視非洲為商業機會。」[3]

在《中國的第二個大洲》書中，弗倫奇到非洲十多個國家旅遊，述說他路上碰到的中國移民的故事。他所描述的（也是我親眼目睹的），是這些移民許多都是自願來這裡參與私人企業，而不是被政府送來這裡從事大規模的公家計畫，然後在計畫結束後被送回家。有些人可能一開始在公家機構任職，但是在非洲幾個月、幾年之後，他們變成了想賺大錢的創業家：賣衣服、鑄銅、種棉花、開店、蓋房屋和旅館。

這個狀況讓你想起哪個地方了嗎？非洲對中國人來說，有如美國在過去一百多年之於數百萬移民，是一個充滿希望、機會和自由，生活起來會比較好的地方。是的，你沒讀錯，中國窮人在非洲的生活比在中國好！即使你聽到的都是非洲窮苦的故事，非洲還是比中國好。

書中有一幕是弗倫奇遇見一位中國福建省的小姐，她移民到莫三比克中部、偏僻又人口稀少的地方開間小店。她住在一棟平房，顧店的時候都看從中國帶來的DVD。弗倫奇說他很敬佩她有決心和勇氣在這樣一個地方過活，但是她不以為意地說：「這沒什麼，我不過是個生意人。」

看來中國人在非洲的生活方式，和西方的救援團體相當不同。中國人能吃苦，他們過著艱苦的生活，努力工作出人頭地——結果，很多人真的發達了。

坎帕拉的中國人口不斷成長，我親眼在坎帕拉見過這些苦盡甘來的中國人。李先生因為自己經歷過租房子有多困難，於是在坎帕拉設立了一個線上房地產公司。他的妻子是英國派駐在非洲的開發人員，李先生說他和坎帕拉的外派員交際圈很熟，也了解各方對中國在非洲的看法。

「西方人認為中國人剝削非洲，我們來非洲只是為了賺錢。我的回答是：難道你是為愛而工作的嗎？我知道西方人到非洲提供救援和慈善工作，但是我從房地產生意上得知，所有的救援工作人員也都想住在有游泳池和花園的大房子。他們開有空調的車，想去有頂級酒單的餐廳吃飯——中國人不是這樣過活的。沒錯，中國人是來這裡賺錢的，但是他們都是窮苦出身。而且你知道嗎？當中國人回家的時候，他們會留下一條馬路或是一間工廠。那些救援團體又留下了什麼呢？」

諷刺的是，這些來非洲的中國人，往往比西方人更奉行資本主義、更相信自由市場。今年三十五歲，在坎帕拉的中資公司「科洛洛花園旅館」（Kololo Court Hotel）任職經理的亨利，表示他很珍惜烏干達給他的自由。「在中國，政府總是在控制你，掌管你如何過活、如何做生意。但是這裡我們很自由，這也是為什麼我們在這裡的生意很好。我永遠都不會回去，烏干達就是我的家。」

非洲人把這些都看在眼裡。即使大家都說中國利用非洲，但是自從中國人來了以後，非洲人眼見他們的經濟快速成長，不像之前幾十年的外援帶來的只有停滯的經濟。

這並不代表中國所有的影響都是正面的，差遠了。弗倫奇在書裡列舉了辛巴威建築工和礦工以及莫三比克的農夫是如何被剝削，也指出許多貪汙的非洲政府和中國金主串通，讓他們為所欲為。我還聽說（也親眼看過）中國人在非洲造水泥廠或是機場，可是兩千個工人統統都是中國人，一個非洲人都沒有，這些中國人有許多是不會回家的。

不過在我看來，這是我們自找的。如果中國不必為這些行為負責，錯是錯在我們的政府不夠強硬。我們必須在這些合作計畫裡確保非洲的權益。我們應該有能力要求他們每雇用一個中國人，就必須雇用十個或一百個非洲人；我們一定得要求他們先從當地人才中尋找鋼鐵工廠經理，找不到才能用他們自己的人手。這是我們的責任，我們有權訂定遊戲規則。

第三、商機在於顧客而非資源

一般人對非洲興起最大的誤解之一，是他們以為非洲經濟之所以能夠快速成長，原因在於天然資源（像是石油、天然氣、金或銅）的價格高漲。沒錯，天然資源是其中一個原因，特別是在石油豐富的國家，例如安哥拉和迦納，還有最近開鑿了煤礦和天然氣的莫三比克。但事實上我們的經濟穩定性建立在礦業之外，我們的成長是紮實、有結構性的。

這是什麼意思？這表示我們的貿易往來多數是在一般的產業，像是建築、零售、科技、金融、保險和服務業，而不是偏重在天然資源上。這些都是其他經濟體系常有的私人產業。

這也是另一個值得和非洲貿易往來的原因：市場和機會都在這裡。

我們來看非洲的股票市場就可以略知一二。「非洲有二十個股票交易所，大約一千支股票，八五％的股票和商品無關。非洲上市的股票是保險公司、零售業、消費品、物流公司、電信業等等。」CNN在二〇一三年二月二十八日的特別報導「非洲市場」（Marketplace Africa）的作者丹比薩．莫約（Dambisa Moyo）這樣表示。

麥肯錫顧問公司二〇一〇年出版的重要報告「獅群大進軍」（Lions on the Move）也提到相同的論點。根據此報告其中一位作者阿查．利可的說法：「這份報告是要揭發非洲成長背後的動力。非洲平均每年成長五％，但是沒有人知道這個成長是怎麼來的。有人說五〇％到六〇％是因為自然資源價格上升。當我們把研究報告給全球一百個不同的利益相關人看過，發覺事實上非洲的成長有四分之三是和天然資源無關的。

「過去我們的經濟跟著對天然資源的需求景氣起伏，但是這次的經濟成長基本上是非常不同的。全球金融風暴在二〇〇九年來襲的時候，我們的成長減緩了，但還是有一・五％。接著我們經歷北非的阿拉伯之春暴動，以為經濟會衰退，結果我們又開始了大幅成長，至少五％或更高。這是因為我們的經濟已經多角化，不再是以天然資源為中心。」

「獅群大進軍」這份報告的其中一個影響，是展現出非洲私人產業的商機：想發財不需要靠石油或天然氣產業。

這份報告也幫助非洲重新定位。「不知道為什麼，每當我們說到中國或是印度時，討論的是商業問題；但說到非洲的時候，話題總不離救援、基礎建設、政治。我們想要讓世界看到非洲還有其他機會。」

當然現在最重要的目標，如我在之前的章節裡提到的，是要創造工作機會。我們必須要著重在農業、零售、觀光和建設產業上。

第四、我們將會為世界生產食糧

全世界都得吃飯，而全球的食品價格都在上升，氣候變遷使農作物的收成難以預料。非洲擁有世界上最大的自然灌溉可耕地，但我們只生產世界糧食需求的三％，這實在是很可惜。全球尚未開發的可耕地有六十％在非洲，而我們竟然還要進口糧食！

沒錯，過去六十年，西方提供糧食援助給一個應該要提供糧食給西方的大洲。這其實是非洲自己的錯，有些地方是因為受限於傳統的土地擁有制度而沒有提供權狀，有些地方則是因為在政治上圖利或受到誤導的土地改革計畫，例如羅伯特．穆加貝（Robert Mugabe）在辛巴威進行的改革計畫，摧毀了原本產量豐盛的農業。

好消息是，這些限制和障礙都一一在轉變。

非洲農業目前正處在一個轉捩點，科學家、農業學家、投資人、風險資本家以及我們現在比較負責任的政府，都在關注這個轉變。現在興起了另一批「瓜分非洲」（Scramble for Africa）的風潮，這次是為了非洲龐大的可耕地。我在世界各地會議上碰到參與非洲各個角落農業計畫的人，可以說是多到都數不清了。

衣索比亞應該是一個沒有雨水、沒有河流的國家，卻在沙烏地阿拉伯大舉投資之下，朝著大規模農業邁開大步；辛巴威則有Seed Co之類的科技公司在研發耐旱的作物品種。東非的位置正適合生產糧食運送至中國和印度。

我們必須要確保外國投資者不能只擁地自重，卻沒有實際從事生產。我們要鼓勵農產加工產業發展，也就是要自己清洗、處理和包裝農產品。就以咖啡豆來說，如果我們能以十元的價格直銷到歐洲的零售商，為什麼要以一元的價錢賣給歐洲來的採買呢？另一個新的角度，則是著重在讓農業看來時髦，例如〈Cocoa da Chocolate〉是二〇一四年由十九位非洲音樂家為促進農業投資錄製的一首流行歌。現在農業再度時髦了起來。

我相信在二十年之內，非洲將會成為全球最大的糧食供應地。

11 從吉佳利到華盛頓

二〇一四年四月七日，我出席盧安達大屠殺二十年紀念典禮。我在典禮兩天前到達，和我同行的特別來賓，包括我父母、我的好朋友暨商業經濟夥伴包柏・戴蒙與他太太、兒子和媳婦，還有我的公司無人能比的幕僚長凱莉絲・格林（Carys Comerford-Green）。我想讓我父母回到盧安達看看，也想讓其他好友看看這個對我和我們家有深遠影響的國家。這是我父母在一九九四年之後第一次回到盧安達。

在盧安達政府的要求下，我和戴蒙在典禮的前一天宣布亞特拉斯馬拉在非洲購買第一家銀行BRD Commercial的消息，他們希望在這個哀傷的紀念日前夕有點正面的消息。盧安達財政與經濟計畫部長克拉韋爾・加泰特（Claver Gatete）在我們宣布消息時，說了一段很感人的話：

紀念典禮是我們追思的時候，但也是我們慶祝成就的時候。亞席士就是一個活生生的例子，他兒時曾經是大屠殺的難民，現在回到了他的家鄉盧安達。我們很驕傲有他加入我們的行列，一起邁向將盧安達建設成一流金融中心之路。

我的好朋友阿卡曼吉開車帶我們四處看看。我們先去看以前在吉米胡勒拉的房子，車子在大門外停下來，這裡現在是一個非營利組織。我們到市中心父親以前的店附近，原店址現在是一家生意興隆的雜貨店。我們接著去了吉佳利紀念館，大屠殺的記憶突然湧進我的腦海。但那裡有一股感動、尊敬的氣氛，好似這個國家讓一位長年飽受折磨的親戚在此安息。

我們去了千丘飯店，儘管二十年前在那裡經歷過的那些事，如今飯店看起來是不可置信地正常又普通，看起來就跟世界上任何一個旅館一樣！

第二天，卡加米總統在國家球場發表演說。這是我所聽過現代領導人演講中最棒的一場，我建議你也去找來看看。讓我引用演講的最後一段：

二十年前，盧安達沒有未來，只有過去的陰影。但是今天我們有理由慶祝其他人視為理所當然、平凡的每分每秒。如果大屠殺顯現人類犯下醜惡殘酷之舉的能耐，盧安達的作為則展現出我們重新出發的能力。

現在盧安達一半的人口不到二十歲，幾乎四分之三不滿三十歲，他們代表的是新盧安達。看到這些年輕人在過去三個月，拿著追思火把走遍全國各地，給了我們莫大的希望。我們今天聚集在這裡追思過去，也在這裡給彼此力量、互相加油。此時此刻，我們絕不能忘記我們一起下定決心要攜手共創的未來。

演講結束後，我母親跟卡加米總統會面，給了他一個深深的擁抱。她告訴卡加米：「你在盧安達的所作所為實在是令人敬佩，我從來沒有想到盧安達可以有這樣的轉變。」

但是我母親知道，只要你相信自己，任何事都有可能。

四個月後的二〇一四年八月五日，在舉辦第一屆美非高峰會的那個星期，戴蒙和我在華盛頓特區中心歷史悠久的海亞當斯飯店（Hay-Adams Hotel）頂樓舉辦雞尾酒會，招待兩百位亞特拉斯馬拉的夥伴和投資人。

那天晚上很悶熱，我走到陽台上看著火熱熱的夕陽在閃著藍光的山邊漸漸落下。街上傳來都市裡嘈雜的聲音：警笛、汽車喇叭、行人的笑語。陽台下我的右手邊是繞著公園大排長龍的黑色禮車，準備載各界領袖和政要去白宮參加國宴。

如果二十年前，當我們躲在吉佳利的房子裡，頭頂上有飛彈不停地飛過時，有人跟我說我將會在三十三歲那年，當白宮正在舉行高峰會時，在一家離白宮只有一條街的著名旅館舉辦派對慶祝我的新金融公司，我會說那人瘋了。

如果有人說我會在高峰會上見到前美國總統柯林頓（Bill Clinton）、前紐約市長彭博（Michael Bloomberg）和其他人，為他們主持小組會談，一起探討如何在這個新非洲進行投資，我也會說那人瘋了。

那樣的奇蹟不會發生在一個高中都沒畢業的非洲難民身上。只是，它真的發生了。

美非高峰會寫下了歷史的一頁。以前美國和非洲的政商領袖聚集在一起時，討論的內容向來是美國應該如何協助這個沒有希望、飢餓、長年戰爭的大洲。但是這個星期不一樣，這次討論的是美國如何跟非洲成為商業夥伴，在非洲快速成長的經濟上參一腳。這是非常劇烈的轉變，美國人開始跟上腳步，認知到非洲正在發達。

彭博在高峰會開場演說中講得很明確。「自從非洲獨立以來，我們的焦點一直是在救援上。現在非洲在全球經濟上扮演著重要的角色，因此我們和非洲必須轉型為全面、平等和深入的關係。非洲是全球經濟中最大的市場機會所在。」

兩天前我幫柯林頓的小組會議開場時，他更進一步解釋：「正如非洲及其商業界需要這層新關係，美國和我們的商業界同樣有此需求，程度甚至不比非洲來得少。」

柯林頓十分周到地答謝那些逃離伊迪．阿敏的烏干達流民的成就，並提起我的故事。「當亞席士在台上演講時，我不禁想到那些從烏干達被驅逐出境的人民，還有他們締造出許多令人敬佩的故事。這證明了一件我們要永遠記住的事——聰明才智、夢想還有願意努力工作的意志力，在世界的每個角落都有。」

他接著說：「亞席士的發言大概是今天早晨最重要的一場演講，我們要牢記他說的內容。他十五歲輟學，在過去十八年內追隨他的夢想，將它們一步步實現。但他不應該需要離鄉背井去逐夢。我們要為非洲人、還有那些想要跟非洲人一起打拼的人，把非洲建造成一個充滿機會的家。」

柯林頓說的真好。我把他的話轉述給母親聽，她的臉上滿是驕傲的笑容。

亞特拉斯馬拉是另一個讓我家人驕傲的原因。你要是下定決心，在非洲做起事情來可以很快。我首次遇見長袖善舞的英裔紐約客戴蒙，是在開普敦的一個晚宴上。戴蒙是全世界最有願景的銀行家，他之前是柏克萊銀行的總裁，目前是亞特拉斯馬拉執行長，也是亞特拉斯馬拉的創辦人之一。

晚宴的三個星期後，我飛到紐約和他討論一項合作計畫：合資成立一家在非洲購買銀行、重整、將銀行科技和服務升級到先進國家水準的公司。我們可以大膽冒險，為一個需要改革的傳統產業帶來一些打破格局的新作法。

一年多以後，我們成立了亞特拉斯馬拉，在二〇一三年十二月上市。自從在倫敦證券交易所上市後，我們已經宣布了三家銀行的併購計畫，讓我們跨足非洲七個國家。二

○一四年四月，我們購買了BRD Commercial，之後又買了BancABC（其營業範圍包括波札那、莫三比克、坦尚尼亞、尚比亞、辛巴威）還有奈及利亞的UBN。

我們的董事包括睿智的阿諾・艾普（Arnold Ekpe）、瑞秋・羅賓斯（Rachel Robbins）和譚頁・柯爾（Tonye Cole），他們吸引到龐大的資金，多半是來自美國的投資。令人訝異的是，大部分的投資人是第一次在非洲投資——美國人正在加快腳步。

「我們並沒有想要成為下撒哈拉區最大的銀行，但我們一定要是最棒的。」戴蒙喜歡這樣說。

我知道我們會是最棒的。

還有最後一個值得慶祝的原因：那天我過三十三歲生日。

我望著山頭上的落日，然後我聽到歌聲——我的好朋友兼夥伴戴蒙，加上古根漢投資的米納德，兩個人正在為我合唱生日快樂歌。我笑了笑，然後轉身回去加入派對。

12 在非洲成功的祕訣

印度之虎和中國之龍都已經過了他們的全盛期，現在是非洲之獅發威的時候。接下來我要給那些想在非洲投資或是來非洲做生意的讀者一些訣竅和經驗談。

一、誠實做事

先要有人給，才會有人拿；換句話說，賄賂要兩個巴掌才拍得響。賄賂是條不歸路，做了以後就無法善罷甘休，必須面臨風險。相反的，如果你拒絕付賄，你就是在幫助扭轉這種文化。馬拉集團有很崇高的品牌定位，並確保我們所在的國家政府都了解這一點。我也發現政府機關裡總會有正直的人，找到這些人並和他們合作。

二、培養關係

在當地和全球與對的人培養關係，是馬拉集團做生意很重要的一環。不管是誰，無論成就高低，只要以真誠和尊敬相待，自然會形成關係。我總會試著和我在活動會議上遇到的優秀人才聯絡，尤其是年輕人。還有，始終要禮貌待人，因為你無法猜測下一個遇到的會是誰。我在飛機上遇到Ison Infotel的創立人，如今我們現在是馬拉Ison公司的合夥人；我和亞特拉斯馬拉的創業夥伴戴蒙，則是在開普敦的一個晚宴上認識。

三、找在地的夥伴

如果欠缺當地的知識，沒有人可以在非洲成功。這正是馬拉集團的主要優勢：我們有當地的知識和人脈。馬拉集團在每一個生意往來的國家都有代表處，這對許多投資人來說非常重要。馬拉集團的國際夥伴以前曾經嘗試自己在非洲各地營業，但他們發現和當地夥伴建立信任需要花很多功夫、精力和耐心。馬拉集團可以提供他們所需的信任。

四、了解當地的風俗習慣

不要大筆一揮，把非洲所有國家一概而論。你不會拿在中國做生意的方法到印度如法炮製，在非洲也是一樣。每個非洲國家都不同，有自己的文化、傳統和做事的方法。烏干達和盧安達相鄰，兩國的關係非常密切，溝通上達政府的高層，但是他們運作的方式非常不同，差別大到你會以為這兩個國家在兩個不同的大洲上。難處是在了解並尊重這些差異性。在某些國家談生意要花很長的時間，不要急，慢慢來；可是在其他的國家，像是奈及利亞，做事則會快到讓你措手不及。要去認識、了解這些差異。

五、大膽冒險，但要先仔細衡量

我剛開始做生意的時候天不怕地不怕，有些人大概會說我很莽撞，但那時我一無所有，沒什麼好怕的。隨著馬拉集團日漸成長，責任越來越大，投入的資金越來越多，所以做決定前需要好好計畫。正式的監管制度對做生意很重要，即使是像我們這樣的家族企業，也要像公開企業一樣營運。換句話說，不要在飯桌上開董事會；在創業的同時，你也要有制度。

六、秉持忠誠

跟緊那些一直陪在你身旁的人。即使其他供應商的報價比較便宜，我也不會隨便更換。打好關係最重要，金錢上的報酬隨後會跟著來。我會把別人格外放在心上，打電話給他們、寫電子郵件，問候他們好不好。還有，如果你的商業夥伴面臨困境，你一定要支持他們。

七、回饋，開導新手

因為我自己很年輕就出來創業，我親身體會到有人輔導的重要性。在往上爬的時候拉別人一把，記住你也曾經從谷底往上爬過。而且說不定哪一天你開始往下跌了，你可能會在往下掉的路上遇到他們。

八、回電話

就算你欠錢也要接電話，這是我父親教我的，沒有比別人不理你更討厭的事了。保持聯絡，在別人打電話找你之前，主動先打電話。對人有禮、懂得做人做事的道理，對贏得信任和培養關係很有用。

九、做長期規劃

問任何一個丹格特之流的大企業家，他們都會說要擬定一個大計畫，而且要早早做好計畫。你不能把非洲當作快速發大財的地方——或許以前可以，但現在已經不是這樣了。你如果是這樣想，你在這裡撐不了多久。其他人會看穿你來非洲的真正原因只是為了短暫獲利，這會反咬你一口。但如果你能顯示你在非洲有長期的計畫，報酬及金錢都會隨之而來。

十、像非洲一樣多元化

分散風險，但也不要過度分散。有些國家的成長速度很快，但是減速也很快，你要隨時準備好面對經濟衰退。你如果只在一個國家做生意，你的損失會很大，這是一個成長中的新興經濟體的現實。在幾個國家同時經營事業，可以避免單一經濟垮台的風險。如果你沒有辦法在全非洲多個國家運作，至少在某一區內分散投資：西非、東非、非洲南部，每一區內都有許多不同的經濟體，但地理位置上又不至於相距太遠。

十一、找到對的人

建立關係時，想辦法直接和有決定權的人合作，這樣可以確保事情進展快速順利。

十二、讀時事

當地的政治、經濟和社會發展，對你的事業會產生直接影響，一定要去了解當地的時事和政治風險。利用當地的人脈提供消息。即使非洲已經比較穩定，還是有可能出現讓你措手不及的情況，問我父母就知道。

十三、有耐心

非洲做事通常很官僚，儘管情況漸漸在改善，還是別以為事情能馬上或是隔天就辦好。如果你有長期的打算（你應該要有），這應該無關緊要。雖然如此，談生意的時候手腳要快，先做了再說。

十四、做盡職調查

選擇合作夥伴和決定市場之前，一定要做好調查。在非洲許多國家做盡職調查可能比在美國困難多了，但還是找得到資訊，你要費心去找。找出潛在夥伴和客戶的背景，研究他們的動機。

十五、跌倒了要再爬起來

你會跌倒，但是你得爬起來繼續走，酬勞就在前方。我知道（我父母也知道）做生意不是簡單的事，可是如果你能忍耐、有正確的出發點，你終究會成功。我剛才在收音機裡聽到一個在剛果東部的南非咖啡豆貿易商的故事，他第一次沒做成，失去了一切，但是他繼續去嘗試。這次他堅強多了，也聰明多了，而且更有決心。他的行為受到大家的敬重。

十六、做好事，好好做事

不要為了賺錢做生意，至少不要只是為了賺錢，而是要為對的原因去做：你有個點子、你想實現這個點子、你對某種東西有熱情。在經歷過那樣崎嶇的歷史後，非洲要的是為了正確的目的來非洲的人。好好照顧你的員工，做好社會回饋。獲取信任，博得尊敬，讓人看到你堅持做對的事，這會帶來深遠的影響。真心做善事，認真地做，我保證你會成功。

注釋

第一章

1. 相關貨幣單位皆為美金。

第二章

1. Ellie Zolfagharifard, "Why Every World Map You’ re Looking at Is Wrong," Daily Mail, April 4, 2014, http://www.dailymail.co.uk/sciencetech/article-2596783/Why-world-map-youre-looking-WRONG-Africa-China-Mexico
2. David Smith, "Africa's Successes Struggle to Eclipse Weary Old Tropes of Suffering Continent," Guardian, December 23, 2014, http://www.theguardian.com/world/2014/dec/23/africa-success-stories-struggle-eclipse-weary-old-tropes-suffering-continent.
3. Chimamanda Ngozi Adichie, "The Danger of a Single Story," TEDGlobal 2009, http://www.ted.com/talks/chimamanda_adichie_the_danger_of_a_single_story?language=en.

第四章

1. "Sub-Saharan Africa Ericsson Mobility Report," June 2014, 5–7, http://www.ericsson.com/res/docs/2014/emr-june2014-regional-appendices-ssa.pdf.

2. Sifiso Dabengwa, "Telecommunications: MTN," in Business in Africa: Corporate Insights, compiled by Dianna Games (South Africa: Portfolio Penguin, 2013), 181–188.

3. Mo Ibrahim, "Celtel's Founder on Building a Business on the World's Poorest Continent," Harvard Business Review, October 2012, https://hbr.org/2012/10/celtels-founder-on-building-a-business-on-the-worlds-poorest-continent.

4. 出處同上

5. Jan Puhl, "Silicon Savannah: Africa's Transformative Digital Revolution," Spiegel Online, December 5, 2013, http://www.spiegel.de/international/world/silicon-savannah-how-mobile-phones-and-the-internet-changed-africa-a-936307.html.

6. Mark Kaigwa, "Africa's mobile revolution: How the cell phone is transforming the continent," Deutsche Gesellschaft für Internationale Zusammenarbeit (GIZ), 2014, 6, https://10innovations.alumniportal.com/fileadmin/10innovations/dokumente/GIZ-10innovations-04_Mobile-Africa-Brochure.pdf

第五章

1. Mark Kaigwa, "Africa's mobile revolution: How the cell phone is transforming the continent," Deutsche Gesellschaft für Internationale Zusammenarbeit (GIZ), 2014, 6, https://10innovations.alumniportal.com/fileadmin/10innovations/dokumente/GIZ-10innovations-04_Mobile-Africa-Brochure.pdf.

第六章

1. GE Look Ahead, "Taking Africa to Silicon Valley," Economist, October 1, 2014, http://gelookahead.economist.com/spotlight/taking-africa-silicon-valley-ashish_thakkar/.

2. UNAIDS 2013 "AIDS by the Numbers," 2013, 1-11, http://www.unaids.org/sites/default/files/media_asset/JC2571_AIDS_by_the_numbers_en_1.pdf.

3. "QI," series L (episode synopsis), British Comedy Guide, January 9, 2015, http://www.comedy.co.uk/guide/tv/qi/episodes/12/14/.

4. George B. N. Ayittey, Africa Unchained (New York: Palgrave Macmillan, 2005), xix–xx.

第七章

1. "Boomtown Slum," Economist, December 22, 2012.

2. George B. N. Ayittey, Africa Unchained (New York: Palgrave Macmillan, 2005), 340.

第八章

1. Nastasya Tay, "Portugal's Migrants Hope for New Life in Old African Colony," Guardian, December, 22, 2011.

第九章

1. Paul Hiebert, "High-Speed Recovery," Slate, December 18, 2013, http://www.slate.com/articles/technology/the_next_silicon_valley/2013/12/rwanda_s_high_tech_future_20_years_after_genocide_the_nation_aspires_to.html.
2. Richard Dowden, Africa: Altered States, Ordinary Miracles (New York: Public Affairs, 2009), 88.

第十章

1. Richard Dowden, Africa: Altered States, Ordinary Miracles (New York: Public Affairs, 2009).
2. Howard W. French, China's Second Continent: How a Million Migrants Are Building a New Empire in Africa (New York: Knopf, 2014).
3. Dowden, Africa: Altered States, 529.

國家圖書館出版品預行編目（CIP）資料

下一個全球經濟引擎：非洲,從黑暗大陸到草原矽谷 / 艾希什.塔卡爾(Ashish J. Thakkar)著；徐永宜譯. -- 初版. -- 臺北市：商周出版：家庭傳媒城邦分公司發行, 2018.04
面；　公分. -- (莫若以明；BA8013)
譯自：The lion awakes : adventures in Africa's economic miracle
ISBN 978-986-477-433-3(平裝)

1.經濟發展 2.經濟情勢 3.非洲

552.6　　107004373

BA8013

下一個全球經濟引擎

非洲，從黑暗大陸到草原矽谷

作　　者／艾希什・塔卡爾（Ashish J. Thakkar）
譯　　者／徐永宜
責任編輯／李皓歆
企劃選書／陳美靜
版　　權／黃淑敏、林心紅
行銷業務／周佑潔

總　編　輯／陳美靜
總　經　理／彭之琬
發　行　人／何飛鵬
法律顧問／元禾法律事務所 王子文律師
出　　版／商周出版
臺北市 104 民生東路二段 141 號 9 樓
電話：(02) 2500-7008　傳真：(02) 2500-7759
E-mail: bwp.service @ cite.com.tw
發　　行／英屬蓋曼群島商家庭傳媒股份有限公司　城邦分公司
臺北市 104 民生東路二段 141 號 2 樓
讀者服務專線：0800-020-299　24 小時傳真服務：(02) 2517-0999
讀者服務信箱 E-mail: cs@cite.com.tw
劃撥帳號：19833503　戶名：英屬蓋曼群島商家庭傳媒股份有限公司城邦分公司
訂購服務／書虫股份有限公司客服專線：(02) 2500-7718；2500-7719
服務時間：週一至週五上午 09:30-12:00；下午 13:30-17:00
24 小時傳真專線：(02) 2500-1990；2500-1991
劃撥帳號：19863813　戶名：書虫股份有限公司
香港發行所／城邦（香港）出版集團有限公司
香港灣仔駱克道 193 號東超商業中心 1 樓
E-mail: hkcite@biznetvigator.com
電話：(852) 25086231　傳真：(852) 25789337
E-mail：hkcite@biznetvigator.com
馬新發行所／Cite (M) Sdn. Bhd.
41, Jalan Radin Anum, Bandar Baru Sri Petaling, 57000 Kuala Lumpur, Malaysia.
電話：(603) 9057-8822　傳真：(603) 9057-6622　E-mail: cite@cite.com.my

美術編輯／簡至成
封面設計／黃聖文
製版印刷／韋懋實業有限公司
經　銷　商／聯合發行股份有限公司　電話：(02) 2917-8022　傳真：(02) 2911-0053
地址：新北市 231 新店區寶橋路 235 巷 6 弄 6 號 2 樓

■ 2018 年 06 月 05 日初版 1 刷
■ 2020 年 01 月 16 日初版 2.3 刷

Printed in Taiwan

ISBN　978-986-477-433-3
定價 330 元

城邦讀書花園
www.cite.com.tw

著作權所有，翻印必究
缺頁或破損請寄回更換

The Lion Awakes: Adventures in Africa's Economic Miracle
By Ashish J. Thakkar
Copyright © 2015, Mara Foundation
Complex Chinese translation copyright © 2018 by Business Weekly Publications, a division of Cite Publishing Ltd.
All rights reserved.